MEMOIRE
en Images

DINARD

PLAGES ET BORDS DE MER D'HIER

MEMOIRE
en Images

DINARD

PLAGES ET BORDS DE MER D'HIER

Henri Fermin

ALAN
SUTTON

Editions Alan Sutton
27, Quai de la Prévalaye
35000 Rennes

Première édition mai 1995

ISBN 2-910444-28-7

Dépôt légal : mai 1995.
Imprimé en Grande-Bretagne par
Redwood Books Limited, Bath.

Table des matières

Introduction

Les côtes dinardaises s'étendent de la cale du Pissot dans le quartier de la Vicomté jusqu'au Port-Blanc en Saint-Enogat sur une distance de plus de 7 km. Au siècle dernier, la commune de Saint-Enogat recensait une population de 2000 habitants. Au fur et à mesure que se développa la station balnéaire, les bords de mer se couvrirent peu à peu d'habitations d'une architecture nouvelle et anti-conventionnelle. Les villages les plus populeux de la station furent peu à peu délaissés en faveur des quartiers en bords de mer. Ainsi, la Basse Vallée et la Haute Vallée, Dinard, Saint-Enogat et Saint-Alexandre qui regroupent la quasi totalité des habitants au début du XIXe siècle devinrent moins populaires que les quartiers du Moulinet et de la Malouine. C'est le site de la baie du Prieuré qui connut le premier, à partir du Second Empire, un développement important avec l'arrivée des anglais dans la station ; une colonie venue s'établir avec ses clubs et son style d'architecture victorien. Le quartier du port de Dinard, à l'inverse du bourg de Saint-Enogat, connut une transformation rapide. Les premières villas du site balnéaire sont des exemples de ce développement : la villa Sainte-Catherine, le château Coppinger, la villa "33" et, un peu après, les villas Le Châtelet et Belle-Rive. Au même moment, face à la rade de Saint-Malo, fut érigé le premier hôtel de Dinard, le Grand-Hôtel, appelé, à ses débuts, hôtel de Dinard.

Les années qui précédèrent la guerre de 1870 virent le développement des deux pointes encadrant la splendide grève de l'Ecluse où s'établit le premier établissement de bains de mer et, plus tard, le premier casino en bois. D'un côté, la pointe du Moulinet, occupée alors par monsieur Camac, le comte de Roederer et le comte de Mortemart et, de l'autre, le domaine de la Malouine, propriété du duc d'Audiffret-Pasquier furent à l'origine du lancement de Dinard. Tous ces éminents propriétaires créèrent une société afin de gérer le casino. Plus tard, les promoteurs firent de ce paradis une véritable affaire financière. Plus qu'ailleurs, les bords de mer intéressèrent les spéculateurs. Lorsqu'Albert Lacroix, le célèbre éditeur de Victor Hugo, découvrit le site poétique de Saint-Enogat avec ses plages et ses terrains bordant l'océan, il fit édifier l'hôtel de la Mer et les célèbres villas de la Mer, rachetés en 1892 par monsieur Legendre. Les salons de madame Lacroix et de Judith Gautier, à Saint-Enogat, étaient alors fréquentés par le groupe des Parnassiens venus de la capitale, des poètes, des peintres et des amoureux de la nature et des bords de mer. La folie des bains de mer révolutionna les abords de la plage des élégances, un nouveau casino au goût du jour et construit dans les proportions plus spacieuses vit le jour. Les cabines de bains se multiplièrent et l'établissement de bains du casino posa ses roulottes en bois sur le sable doré de la plus élégante des plages de la future côte d'Emeraude. D'année en année de nouveaux établissements de bains se créèrent jusqu'à recouvrir la grève.

Les années 1880 furent sans doute les plus florissantes. Monsieur Poussineau qui avait acheté la propriété de la Malouine au duc d'Audiffret-Pasquier, commença à la lotir des plus belles villas à l'extravagante architecture. Il créa le parc de la Malouine, Ker Willy, Valombreuse, Kerosar, Belle-Assise, Roche-Plate et les Roches -Brunes.

De la plage de l'Ecluse à la plage de Saint-Enogat, en passant par les villas de la Mer, tout un quartier nouveau couvrit les dunes sableuses et les rochers, de la pointe du Grouin à l'anse des Etétés.

Enfin, à partir de 1889, la plage de Dinard se métamorphosa grâce aux constructions de l'hôtel de la Plage et du Casino sur les mielles du boulevard de l'Ecluse, de l'hôtel des Terrasses, accolé et dépendant du casino, de l'hôtel Crystal, avec son allure de tour Eiffel, du grand Casino et du Grand Hôtel Royal.

De la plage des élégances, la grève de l'Ecluse deviendra la plage des têtes couronnées ou gotha européen. Ultime couronnement de ce bijou, la digue-promenade, inaugurée à la veille de la Première Guerre mondiale, enchâssera dans son étau de granit le joyau de la perle d'Emeraude.

I
La Vicomté

La Vicomté, située au sud-est de la commune, est l'un des plus anciens quartiers de Dinard. Autrefois, ce vaste domaine dépendait de l'antique manoir occupé par la famille Péan de Pontfily. Cette ancienne demeure se trouve sur le bord de la route menant au port et à la cale du Pissot, ancienne voie romaine de Corseul à Alet. Aux abords de cette ancienne voie romaine nous trouvons quatre villas : *Georgyvonne* construite en 1908, la villa de monsieur Creuze, la villa *La Rance* et celle de monsieur Mann. De la Basse Guais au rond-point de la Rance, à partir de la fin du siècle dernier, on assista à la naissance d'un nouveau quartier, le bois de Boulogne dinardais. La Basse Guais et la Haute Guais sont des villages anciens, les principales maisons qui les composent datent pour la plupart des XVIIIe et XIXe siècles ; des maisons baptisées : *Gai Corsaire*, *Mon Repos*, *Rose Cottage et Le Châtelet*.

Sur le bord de l'avenue Bruzzo, nom d'un ancien maire de la commune, on trouve la villa *Brise-Moulin* appartenant au vicomte de Chevrières. Située en face du rocher "Adam et Eve", cette bâtisse fut érigée en 1897. A l'extrémité de l'avenue Bizeux, le castel du Prieuré se dresse au-dessus du port Sibouliêre. Entre les deux guerres, cette propriété fut louée à un faux marquis de Champobert, le "Rocambole Dinardais", qui avait décidé de faire venir dans cette villa des joailliers parisiens afin de les dépouiller de leurs bijoux. Son plan échoua.

De la pointe de la Vicomté à l'anse de la Pêcherie, on trouve la villa de monsieur Naud, précédant l'ancien hôtel Beauvallon dans l'avenue du Port. Plus loin, au rond-point des Buttes, il n'y a aucune habitation. Dans la longue avenue de la Rance, un petit hôtel, appelé hôtel des Fleurs ou hôtel Mauvieux, avoisinait le couvent des Franciscains bâti à l'extrémité de l'avenue des Acacias. Non loin de la pointe des Douaniers, la villa *Castelnid* dominait une langue sableuse, tandis que près du rond-point de la Rance les villas *Ker Loïs* et *Val des Lys* se succédaient, dominant la grève du Pissot.

A la fin du siècle dernier, ce quartier était envahi de bruyères et de ronces. C'était le paradis des chasseurs de l'époque. Peu à peu vont s'ouvrir de grandes artères entraînant les mondanités de la station en cet éden de paix. Sur les hauteurs de la Vicomté, à la fin septembre 1892, une première fête originale eut lieu au beau milieu des bois, sur le rond-point même de la Vicomté, au bord de la Rance ; elle fut organisée par le vicomte d'Audigné.

Cinquante bouteilles de champagne Roederer et des montagnes de pièces froides redonnaient toutes les heures une vigueur nouvelle à la fête. La scène était éclairée par des grooms tenant en main des torches radieuses ; De temps à autre des feux de Bengale rouges, bleus et verts illuminaient jusque dans ses profondeurs les eaux du fleuve. Les premières lueurs de l'aube purent seules rallier les *mail-coaches* aux joyeux fêtards.

Chaque année, au début de l'été, généralement le premier dimanche d'août, avait lieu l'assemblée-kermesse de la Vicomté, "la Guais". Le matin, c'était le réveil en fanfare et l'après-midi, vers 14 heures, un concert était donné par la Musique municipale. L'après-midi se déroulait généralement avec des jeux divers, tels que le mât de cocagne, courses en sacs, courses à pieds, jeux de galetiers, déjeuner à la ficelle et tombolas. Il y avait également des tirs au fusil et à la carabine suivis d'un bal champêtre. Les demandes étaient adressées au président de la fête, monsieur Manceau.

La première assemblée eut lieu le dimanche 5 août 1900. Monsieur Joyau, propriétaire de la Vicomté mit ce jour-là gracieusement à la disposition des organisateurs les vastes terrains situés au sud-est de l'habitation du général Paris. Là, s'établirent des jeux divers et autres attractions. La course de vélos se fit sur l'avenue Bruzzo. La fête se termina par le traditionnel bal champêtre, le concert et la retraite aux flambeaux de la Guais sur la place de l'Eglise.

Le spectacle splendide de la mer, encadrée d'arbres, aidait à faire ressortir la beauté des lignes de rochers sur lesquels étaient assises les trois villes de Saint-Malo, Saint-Servan et Dinard. Chaque année, de nouvelles attractions attiraient les visiteurs de l'assemblée de la Vicomté. En 1907, l'établissement Trinot, Au rendez-vous des Francs-Tireurs, offrait aux visiteurs de la Guais des attractions foraines et un bal champêtre.

La voie romaine Corseul-Alet passait autrefois par le Haut chemin, voie rectiligne établie en ligne de crête, et traversait les propriétés actuelles bordant l'antique manoir de la Vicomté. Ensuite, elle descendait le chemin menant au port du Pissot. Le Pissot tient son curieux nom du fait que cet endroit était un lieu de prédilection des marins descendant au port ; là, ils pouvaient uriner sans être dérangés.

Cet endroit est des plus humides. Il y court des ruisseaux bordant l'ancienne voie romaine. Ces ruisseaux engendrèrent au milieu du siècle dernier un vaste lavoir, succédant à un antique douet, où les femmes des quartiers de la Vicomté, et même de la Bodinais, venaient laver leur linge. Le bruit sec des battoirs en bois résonnait en cet endroit et le soir, les lourdes brouettes remontaient le chemin, chargées de tout le linge lavé dans la journée.

En bas du chemin, se trouvait la cale qui subsiste encore aujourd'hui ; le ruisseau fut canalisé pour se déverser avec les égouts plus en avant dans la mer. A cet endroit, la voie romaine se partageait en deux parties, l'une d'elle partait à droite en direction de La Richardais, l'autre, à gauche, en direction d'Alet, l'antique cité romaine établie sur le promontoire de l'ancien oppidum gaulois. Les traces des roues des chars ont marqué, là, leur passage dans le rocher, ainsi que dans les rochers du côté de la tour Solidor en Saint-Servan.

A une époque qui n'est pas encore lointaine, la Vicomté n'était qu'une vaste étendue couverte de genêts et d'ajoncs. Sur le bord de la Rance, se trouvait une forêt de pins sylvestres. A la fin du siècle dernier, il existait deux édifices dans cet endroit idyllique : l'antique manoir de la famille de Pontfilly, château très ancien et rénové au fil des siècles, et le couvent des capucins hospitaliers auquel on accédait par une porte taillée dans le mur.

Devant le manoir se trouvait un immense étang rempli de truites, réserve de pêche du propriétaire des lieux. Cette pièce d'eau était ce qu'il restait des douves entourant l'antique manoir. Fin septembre 1909, le manoir de la Vicomté et sa réserve, comprenant une douzaine d'hectares de terre provenant de la succession de monsieur Joyau, furent vendus à monsieur Dubois. L'acte de vente fut signé chez maître Gilbert, notaire à Saint-Servan. L'acquéreur projetait alors de faire de cette jolie pointe une deuxième pointe de la Malouine. L'antique château a été presque entièrement rénové et les pièces d'eau ont été asséchées. C'est aujourd'hui un lieu de repos exploité par la Caisse d'allocations familiales.

Au mois d'août 1901, eut lieu la vente de la propriété tout entière ; elle fut mise à prix à 652,92 F. Elle n'amènera que peu d'acquéreurs. Une demi-douzaine de personnes s'était présentée en l'étude de maître Gilbert, notaire à Saint-Servan. Trois petites parcelles seulement furent adjugées. En juillet 1907, les terrains de la Vicomté seront vendus en grande partie à messieurs Massion et Dubois, riches propriétaires et ingénieurs. Le château était, à cette époque, loué pour une durée de sept ans. Le tertre Féart était loué pour la saison quoiqu'en pleine restauration.

Le couvent de la Vicomté fut ouvert en mai 1897. Une histoire raconte qu'un dimanche après-midi de la fin du mois de mai 1897, un enfant annonce, tout effaré, à sa mère qu'un moine vient de se noyer à la Vicomté. Comme deux capucins étaient arrivés le matin même à la communauté, cette nouvelle jeta l'émoi dans Dinard.

On courut aux renseignements et l'on apprit bientôt que le moine en question était un énorme poisson de la famille des marsouins qui venait de s'échouer sur la grève. L'enfant avait entendu des pêcheurs raconter qu'un moine s'était échoué sous la Vicomté et, comme il ignorait que les pêcheurs donnaient souvent ce nom aux marsouins, il en avait conclu, très naïvement, que le noyé était un des moines arrivés le matin à Dinard.

A l'époque où s'ouvrit le couvent, on avait l'habitude de voir les moines arpenter les chemins de la Vicomté, le bréviaire à la main, récitant des prières. Ils étaient vêtus, été comme hiver, d'une grande robe de bure brune, serrée à la taille d'un gros cordon de chanvre blanc, et étaient pieds nus dans leurs sandales de cuir. Les braves moines traversaient le chemin faisant face au couvent et entraient dans un champ dominant la Rance où paissaient moutons et vaches sous la garde d'un petit gardien en culotte courte, coiffé d'un béret ; puis ils accédaient dans un second champ, planté de blé en été, pour atteindre enfin la petite anse du port Siboulière par les chemins sinueux pratiqués dans la falaise.

Cette plage était le lieu de prédilection des moines qui venaient s'y baigner, spectacle des plus pittoresques. Ils s'ébattaient dans les vagues, puis se changeaient après le bain derrière les rochers. La plage du port Siboulière était alors connue de tous les Dinardais et les Servannais sous le nom de plage des Moines.

DINARD (Ille-et-Vilaine). — *Expulsion des Pères Assomptionnistes de la Vicomté (1904).* Cliché L

L'expulsion des capucins. Le 5 juillet 1904 au matin, les "cambrioleurs officiels" mirent hors de chez eux les vénérés capucins. Il y avait dans le couvent deux pères et un frère. Pour chasser ces trois religieux, on avait fait venir une trentaine de gendarmes des brigades voisines et deux pelotons du 24e régiment de Dragons de Dinan. Le ridicule le disputait à l'odieux. Le cambriolage commença vers sept heures. L'office des crocheteurs fut rempli avec succès par des ouvriers de la 8e compagnie d'Artilleurs de Rennes. Assistaient à ces opérations toutes les forces militaires et de police du canton, le procureur de la République de Saint-Malo, le juge de Paix et le greffier de Paix de Dinard. Une fois dans la cour, la bande de "cambrioleurs légaux" devait encore fracturer plusieurs serrures avant de pouvoir pénétrer à l'intérieur du couvent. On découvrit enfin les trois religieux dans le dortoir. Le sous-préfet leur intima aussitôt l'ordre de sortir. Le révérend Père supérieur répondit qu'il ne sortirait que par la force. Le commissaire spécial Gagnon leur posa alors la main sur l'épaule et les fit sortir. Un incident se produisit cependant : madame Richard, la femme du très honorable avocat dinardais, n'ayant pu contenir son indignation fut elle aussi arrêtée. Plus tard, le couvent de la Vicomté sera mis en vente plusieurs fois, après la promulgation de la loi de 1906 sur la séparation des biens ecclésiastiques. Il sera mis en vente pour la cinquième fois le 13 mars 1908. Mis à prix 10 500 F, il sera finalement acheté par monsieur Saint-Mleux, avoué agissant comme mandataire, pour 25 100 F.

109 DINARD. — La Terrasse du Restaurant Beauvallon. — LL.

La Vicomté est devenue plus tard le bois de Boulogne de Dinard. Voilà qu'à côté des superbes villas qui se dressaient déjà sur la falaise, on se mit bientôt à construire des hôtels. C'est en effet, un hôtel-restaurant qui fut construit en cette fin d'année 1903, dans l'un des coins les plus délicieux de cette jolie promenade, dans le cadre pittoresque des grands bois.

C'est en ce début de siècle que fut construit le très bel hôtel Beauvallon avec sa superbe terrasse accrochée au-dessus de la Rance. Cet hôtel devint rapidement le rendez-vous de la *gentry* et des personnes qui fréquentaient le champ de course du Bois-Thomelin durant les grandes semaines de Dinard. On voyait alors, à l'entrée de l'établissement, les beaux équipages à quatre chevaux harnachés et les laquais en livrée attendant sous les arbres des superbes avenues. Les chevaux des attelages étaient coiffés de grands chapeaux de paille d'où, seules, sortaient les oreilles.

Dans les années 1928, un casino et un nouvel hôtel Beauvallon sont venus remplacer ce premier hôtel. Le casino, construit près de l'hôtel Beauvallon et face à Saint-Servan, ferma ses portes après la première saison. Durant la dernière guerre, il fut démoli par l'occupant. Il n'en subsiste aujourd'hui aucune trace, seuls quelques vestiges, sous forme de colonnes ressemblant aux colonnes des temples romains, subsistent encore sur la plage des Moines, mêlés aux rochers bruns.

Au début de ce siècle, monsieur Mauvieux, propriétaire d'un commerce de grains dans le quartier la Grenouille, séduit par l'essor que prenait ce coin de paradis, entreprit donc de faire construire un second hôtel-pension de famille. Il n'avait aucune intention de rivaliser avec l'hôtel Beauvallon mais voulait faire un placement ; c'est ainsi que s'ouvrit bientôt l'hôtel des Fleurs fréquenté par une clientèle bourgeoise.

Le jour des courses de vélos, l'affluence était grande aux terrasses du nouvel établissement. A cette époque, il était courant de louer un fiacre conduit par un cocher dinardais et de se rendre à cet hôtel-restaurant très prisé. Les familles s'y rendaient également à pied. On partait le matin de bonne heure avec son pique-nique et on déjeunait à l'ombre des grands arbres, au bord de la Rance que traversaient alors vapeurs et vedettes. Le premier service de fiacre inauguré entre Dinard et la Vicomté fut créé par monsieur Roche, loueur de voitures, qui à partir de février 1905, établit un service journalier à l'aide d'un break, cheval et harnais.

Des travaux d'aménagement d'une cale à la pointe de la Vicomté commencèrent fin juin 1907 et s'achevèrent à la mi-septembre. Lors des essais de service entre Dinard, Saint-Servan et la Vicomté, le dimanche 22 septembre 1907, le service fut doublé entre Dinard et Saint-Servan.

A l'aller et au retour, les vedettes faisaient désormais escale à la Vicomté pour embarquer et débarquer les voyageurs. Les vedettes dinardaises commencèrent donc leur service. De nombreux touristes profitèrent de l'occasion pour visiter la Vicomté. Un service régulier de vedettes commença au printemps 1908, effectuant chaque jour des voyages. Cette cale permettra d'accoster dix heures sur douze aux grandes marées d'équinoxe. Les travaux furent exécutés sous la direction de monsieur Fourault, ingénieur de la navigation, délégué nautique ; une médaille d'honneur lui fut adressée en témoignage de gratitude.

Autrefois, il n'existait pas de route reliant l'entrée de Dinard, près du château de la Belle-Issue, à la grève du Prieuré. Les gens des villages de la Haute Guais et de la Basse Guais devaient emprunter soit l'actuelle rue des frères de Montfort soit le petit passage de la fosse Guézille, sentier tortueux, qui descendait à la grève du Prieuré. Ils devaient ensuite, à marée haute comme à marée basse, longer le mur des Trinitaires et de l'ancien Prieuré pour arriver à la plage après avoir traversé la grève ; ils regagnaient ainsi les villages de la Guais, de la Bodinais et de la Pagnais.

Le quartier de la Vicomté se développait ; il fallut donc envisager d'ouvrir une route pour faciliter son accès. En juin 1907, la route de la Guais sera rectifiée au détour de la Vicomté, passage dangereux, où de vieilles maisons appelées "les masures du pont" seront bientôt démolies permettant un élargissement d'au moins trois mètres.

Quelques mois plus tard, le 31 août 1907, monsieur Dessoudeix demandait au conseil municipal la mise en étude d'une route carrossable supprimant les anciens chemins. Cette étude fut faite afin d'améliorer la circulation et pour créer une nouvelle artère entre la Vicomté et Dinard. Le chemin devait partir de la place de l'Eglise, contourner la fosse Guézille et venir aboutir derrière les établissements de bains Denis dans le fond de la baie du Prieuré.

Le chemin de ronde de la Vicomté fut établi tout en longeant les rives de la Rance sous les frondaisons en regard de la cité d'Alet et de Saint-Servan. A cet endroit l'oeil embrasse un paysage d'une rare beauté sur l'embouchure de la Rance, sur le rocher de Bizeux et sur la tour Solidor. Le promeneur peut aussi parcourir une distance de plus de dix kilomètres par des petits chemins perdus dans les bois et suivre la mer qui étend ses flots bleus et émeraudes jusqu'à la baie du Prieuré.

Par d'anciens chemins de douaniers, nous accédons à la pointe de la Vicomté, au-dessus de laquelle se dressaient autrefois les ruines des murs d'un camp romain. Au-dessus du chemin, au siècle dernier, se trouvait une petite maison que les douaniers occupaient afin d'y scruter l'horizon. Quelques restes peuvent encore y être vus sur les cartes postales du début du siècle. Au mois de juin 1907, ce chemin de ronde, amorcé les années précédentes, va se poursuivre jusqu'à la route de grande communication de Dinard à la Richardais.

En juin 1909, des pourparlers sont entretenus en vue de la construction d'un chemin conduisant directement à la plage du Prieuré, en passant par les fours à chaux établis au Port-Nican et à la Vicomté ; ceci permit de relier par un chemin convenable Dinard à la magnifique promenade publique de la Vicomté. Ce chemin de la Vicomté était à l'époque, la nouvelle rue de l'Avenir de Dinard. Début 1910, monsieur Dubois qui venait d'acheter la Vicomté, émettait le projet d'un chemin de 12 mètres de large qui aurait été le prolongement de l'avenue en face de la propriété du général Paris afin d'aboutir sur la route de Dinard à la Richardais au point des fours à chaux. Monsieur Dubois donna à la ville les terrains lui appartenant et nécessaires à l'établissement du chemin.

Il manquait cependant à cette offre une parcelle de terrain dont ne voulait pas se dessaisir le propriétaire, monsieur Binard. Sous l'urgence d'ouvrir ce chemin d'accès pour la saison 1911, l'expropriation de l'immeuble Bibard, une grande bâtisse obstruant le futur chemin et servant d'usine à cette blanchisserie, fut prononcée. Fin 1911, le chemin de la Vicomté n'était pas encore terminé et les bruits d'expropriation reprenaient une fois encore, lancés par le groupe de "fabricants de chemins à bon marché" que la vue des maçons, plombiers et couvreurs mettait en grand émoi lorsqu'il s'agissait des travaux d'agrandissement de l'usine de la Vicomté.

Monsieur Binard reçut une forte indemnisation en raison du préjudice causé par cette expropriation. Plus tard, il fallut faire activer les travaux de terrassement et d'empierrement. La ville accepta le projet. La moitié des frais de construction du chemin fut supportée par monsieur Dubois propriétaire de la Vicomté. Le chemin fut enfin classé dans la voirie urbaine le 13 août 1912.

Vers les années 1830, un four à chaux fut établi au Bec de la Vallée où quelques années plus tard se construisit la cale d'embarquement pour Saint-Malo. Ce four à chaux était exploité par un nommé Hippolyte Leballe. Suite à des difficultés avec la commune, monsieur Leballe dut cesser son activité. Il demanda à ce qu'elle soit reportée dans le haut de l'anse du Port Nican à l'abri des vents dans le petit port entre la pointe de la Vicomté et la plage du Prieuré. C'est son gendre, le sieur Ange Piet, chaudronnier à Dinard, qui lui succéda cette année-là au même endroit. Ce dernier fut autorisé à établir un dépôt de pierres à chaux sur la grève du Prieuré, au Port Nican, et de jeter sur cette grève les décombres de l'ancien four à chaux de monsieur Leballe. Il a extrait dans cette anse la pierre nécessaire à la construction de son four.

Les pierres nécessaires à la fabrication de la chaux étaient soient déchargées sur la plage du Prieuré et remontées à dos d'homme dans des sacs ainsi que le ciment ou simplement véhiculées dans des brouettes jusqu'au nouveau four à chaux. Monsieur Dufros exploitait le ciment qui arrivait à bord du bateau *Le Servanic*. Au décès de monsieur Piet, ce fut son neveu, monsieur Blanchet, qui prit la suite, jusqu'aux années 1920.

Sur la plage du Prieuré, *Le Servanic, ici* réparé par les ouvriers de la maison Blanchet, faisait plus ou moins partie du décor. A marée haute, on l'échouait sur la grève où il restait ainsi plusieurs semaines durant. Le 31 mai 1904, le conseil municipal de Dinard-Saint-Enogat décida la construction d'une rampe d'accès au chemin du Port Nican. Dans l'anse du port se trouve une très ancienne cale d'où partait une voie romaine menant au bourg de la Richardais. Au début du siècle, cette ancienne voie, devenue simple sentier, était appelée par certaines personnes "le chemin à Mémère" ; en effet, les anciens avaient coutume de l'emprunter pour se rendre à la Richardais.

Monsieur Massion, riche propriétaire, avait acheté la propriété de la Ronceraie, vaste villa construite sous le Second Empire par le préfet Féart. Il fit agrandir la maison et y construisit un pont en 1908 ; l'architecte était monsieur Gratien de Dinard.

L'un des plus grands peintres français du début du siècle, qui contribua à maintenir le haut renom et la gloire artistique française, avait sa villégiature à Dinard, villa *Ker Arlette*, près de la grève du Prieuré. Aimé Morot était né à Nancy le 16 juin 1850 et appartenait à une très modeste famille de la capitale lorraine. Dès son plus jeune âge, il avait eu un goût prononcé pour le dessin comme l'avaient constaté ses maîtres. Il décéda à Dinard en août 1913.

Le lundi 20 septembre 1909, un lugubre événement mit la population en émoi. Prosper Roussel et monsieur Gualeais, sur les rochers du Port Nican, devant les fours à chaux, aperçurent un cadavre d'enfant dans un état de putréfaction très avancé : la tête et les deux pieds avaient disparu. Il s'agissait en fait d'un pseudo crime puisqu'il la victime était le chimpanzé Bobbie du peintre Aimé Morot.

II
Le Prieuré

La récolte du goémon épave, illustrée ci-dessus, s'opérait avec des fourches ou des perches armées d'un seul croc. Une fois remplie, les charrettes remontaient, la côte abrupte du Prieuré tractées par plusieurs chevaux. Les fermiers de la Ville ès Meuniers, surtout la famille Leballe faisaient ainsi chaque jour plusieurs voyages jusqu'à la grève du Prieuré. A l'est de la plage du Prieuré, se dressent les deux villas *Margared* et *Ker Arlette* construites sur le rocher. Au début du siècle, un établissement de bains occupait le centre de cette grève. A l'ouest de la plage, subsistent les restes d'un ancien prieuré qui donna son nom à la grève. Plus à l'ouest, s'étalent jusqu'à l'ancien port les villas du site balnéaire : *Le Val Guézille*, *Le sentier*, *L'hirondelle*, *Roc Riant*, *La Caleta*, *Les Courtillets*, *Maison Grandin*, *Roche Bizeux*, *Garavan*, *Sorrento*, et en arrivant au port, *La Casemate*, *La Rance* et *Florence*. A la fin du siècle dernier, les chemins de la commune étaient tous en mauvais état et en particulier les plus éloignés du centre ville. Le 3 février 1878, le conseil municipal vota un budget de 300F pour permettre d'empierrer les chemins descendant des Mettries au port Nican et, de la Belle Issue à la grève du Prieuré ; ces derniers étaient, en effet, devenus impraticables.

La grève du Prieuré s'appelait autrefois grève de l'Hôpital à cause de l'ancien hôpital Bêchet existant au Moyen Age, bien avant la construction du Prieuré, face à cette grève. C'est une plage familiale, peu fréquentée parce que trop retirée de la ville et trop vaseuse à marée basse. Elle semblait donc plus propice aux habitants du cru qui s'y trouvaient bien plus à l'aise que sur la plage des élégances. Aussi nombre de familles dinardaises la fréquentaient évitant celle de l'Ecluse beaucoup plus mondaine.

Cependant la grève du Prieuré était très abîmée au début du siècle. Son beau tapis de sable fin faisant suite à de vertes prairies était rempli de cailloux pointus et coupants. S'il était nécessaire de s'occuper de la plage de l'Ecluse, plage sélect au sable fin et moiré, on oubliait que Dinard possédait une autre plage moins somptueuse mais qui avait ses charmes. Abritée des grands vents du large, jouissant du panorama merveilleux de la baie avec son continuel mouvement de vapeurs, de yachts et de voiliers, la plage du Prieuré ne méritait certes pas l'abandon complet dans lequel on la laissait.

C'était la plage des petites bourses, appréciée pour sa tranquillité, où les exigences de la toilette étaient minimes et où les enfants pouvaient, en toute liberté, aller à mer basse pêcher les crabes et les crevettes dans les ruisseaux et les mares herbeuses. Cette plage à proximité de nombreuses petites villas, construites autour de la mairie d'alors et de l'église, ne méritait pas qu'on oublie de l'entretenir. Depuis longtemps de vastes projets étaient en cours pour y ouvrir des chemins d'accès plus facile. Il fut même envisagé de construire près du calvaire, sur la falaise surplombant la grève, un jardin public en terrasse à la place du dépotoir en place.

Un établissement de bains, modeste mais assez coquet, se trouvait au milieu de la plage permettant aux baigneurs de prendre des bains à peu de frais et en toute sécurité. Mais bientôt celui-ci périclita, les cabines d'années en années furent moins nombreuses et les baigneurs désertèrent la plage envahie par les galets et les cailloux.

Vers la fin du siècle dernier, Francis Denis fit construire une maison d'habitation en plein centre de la plage, sorte de cabane en bois. Ce monsieur Denis était cocher à l'entreprise Couillard située au-dessus de l'usine à gaz. A l'endroit occupé aujourd'hui par le parc à voitures et autour de l'établissement de bains, les Denis aménagèrent un jardin où poussaient des asperges et autres légumes. Un champ de blé était même cultivé et jouxtait le jardin.

Le dimanche 21 septembre 1902, l'établissement brûla. L'incendie se déclara vers 21h30 dans l'établissement de bains occupé par Francis Denis et sa famille. C'est le gendre de monsieur Denis qui s'aperçut le premier du sinistre, alerté par une âcre odeur de fumée. Il alerta tout le monde et très vite, on sonna le tocsin ; moins d'un quart d'heure plus tard, les pompiers arrivèrent. De l'établissement même, rien ne put être sauvé.

De tout temps un ruisseau coulait depuis les hauteurs de l'Isle Célée, traversant les propriétés et les champs, jusqu'à la grève du Prieuré. A partir du milieu du XIXe siècle, les femmes des environs du Prieuré aménagèrent un douet sur la grève, à l'endroit où l'eau se déverse sur la plage sur une haute dune ; elles y venaient, chargées de lourdes brouettes, et se mettaient à l'ouvrage à deux pas des quelques baigneurs de la grève. La mode des bains de mer aura pourtant raison du douet ; l'établissement de bains viendra chasser les lavandières du Prieuré.

Les bains Denis se trouvaient à proximité du lavoir établi sur la grève et cela pouvait entraîner quelques conséquences fâcheuses ; au début de l'été 1903, l'une de ces jeunes blanchisseuses dinardaises, âgée de 19 ans, comparut devant le tribunal de Saint-Malo pour avoir volé du linge qui séchait à l'établissement de bains voisin. Cette dernière fut condamnée à 10 mois de prison avec sursis et deux mois fermes.

Bains dangereux sur la grève du Prieuré ! En ce début de juillet 1883, les élèves sortaient de l'école, c'étaient les derniers jours de classes avant les vacances et, entre 11h00 et 12h00, trois camarades : Jules Jan, âgé de 7 ans, dont les parents étaient serruriers rue de la Vallée, Henri Denis, âgé de 10 ans dont les parents tenaient les bains du Prieuré et leur camarade Jules Chopier, âgé de 9 ans descendaient à la grève pour s'y baigner.

Aucun des enfants ne savait nager comme c'était bien souvent le cas à l'époque. Le plus jeune, Jules Jan, ne tarda pas à tomber dans un trou ; la grève du Prieuré, était des plus dangereuses. Ses camarades le voyant plonger et surnager tour à tour lui demandèrent s'il s'amusait ; ne recevant pas de réponse, ils s'aperçurent avec horreur qu'il se noyait. Ils s'élancèrent donc au secours de leur petit camarade et, unissant leurs efforts, parvinrent à le ramener évanoui sur la grève.

Le prieuré de Dinard date du XIVe siècle, c'est le plus ancien vestige de la commune. Au XIVe siècle, il était habité par deux nobles seigneurs, Olivier et Geoffroy de Montfort et Châtillon. Ils partirent en croisade avec d'autres chevaliers français et tombèrent aux mains des musulmans. Des religieux de l'ordre des Trinitaires qui débarquèrent sur le rivage de Tunisie délivrèrent les seigneurs de Montfort en payant une forte rançon. Les deux frères revinrent au château de la Motte où ils établirent sur leurs terres, les religieux auxquels ils devaient la vie.

Après la Révolution, il ne restait de la chapelle qu'un pan de mur et une ogive tapissée de lierre et de jasmin. C'est là que les comtes de Paris venaient se recueillir le soir, près des deux tombeaux séculaires des frères de Montfort. D'après la tradition, il existait sous l'édifice un souterrain menant à la maison du prince Noir et même jusqu'à Cézembre...

Au début du siècle, une ferme dépendait de ce prieuré. Elle se trouvait près de la chapelle dont il ne restait plus que des ruines. Les métayers du prieuré étaient les membres de la famille Etesse. Les enfants passaient le plus clair de leur temps à jouer dans les jardins du prieuré et sur la plage. Cette vue présente un tas de paille dans lequel jouent les enfants Etesse ; parmi eux, on reconnaît Jules Etesse. Une immense basse-cour, c'est tout ce qu'il restait alors de l'édifice le plus ancien de Dinard et des étables d'où montaient les cris du bétail.

Le chemin de la Fosse Guézille se trouve à l'extrémité de la villa *Le Sentier* et à cinq mètres environ de la cabane de l'octroi établi place de l'Eglise à la fin du siècle dernier. Ce chemin existe depuis des temps immémoriaux. Au siècle dernier, c'est la seule voie d'accès pour se rendre, par la plage du Prieuré, aux nombreux villages de la commune, proches de la Richardais. La circulation est générale, tout le monde peut y passer. Vers les années 1850, on a même placé aux deux entrées de larges tourniquets pour empêcher les bestiaux de détériorer le chemin.

Le chantier du tailleur de pierres Couillard sur la plage du Prieuré. En décembre 1869, le dit sieur Couillard demanda l'autorisation d'établir une petite cabane en planches sur la partie haute de cette grève, à la limite de la première concession, afin d'y ranger ses outils. Cette cabane mesurait 8 mètres de long sur 3 de large.

Au début du siècle, on avait placé une balustrade en bois sur la place de l'Eglise surplombant la grève du Prieuré. Cette place était le lieu de récréation favori des enfants du quartier qui venaient jouer aux billes et à la toupie.

En avril, sur proposition du maire et à l'unanimité du conseil municipal, une barrière en bois sera érigée au bord de la place de l'Eglise. Une ouverture de crédit de 250 F fut accordée et la pose effectuée par un ouvrier de la commune.

L'octroi de la place de l'Eglise (photo ci-contre). A la fin décembre 1866, la dette due aux ouvriers, fournisseurs et architectes de l'église, 7 ans auparavant, n'était pas encore comblée. Un octroi sur les boissons fut voté par la mairie et un bureau central fut établi place de l'Eglise. Ce bureau était une simple cabane en bois ; on y arborait un drapeau tricolore et les tarifs de perception étaient affichés sur le côté gauche de la fragile construction, collés à même le bois. Cette guérite était accolée au mur du café du Prieuré tenu, au début du siècle, par le sieur Auvret. Tout ce qui transitait par l'entrée de Dinard devait obligatoirement passer par cet octroi pour être contrôlé.

Côte d'Émeraude

Le tarif de cet octroi était variable. Pour les cidres, poirés, hydromels en général, sans distinction de provenance, il en coûtait 0,50 F l'hectolitre ; pour les vins : 2,50 F l'hectolitre ; les alcools : 20 F l'hectolitre ; les bières : 3 F l'hectolitre. D'autres bureaux furent créés aux diverses entrées de la ville : au Bec de la Vallée, à la Gare et à Saint-Enogat. Le 25 avril 1909, on assista à la vente de ce bureau de l'octroi, place de l'Eglise.

Début juillet 1907, un nouvel hôtel dit hôtel du Prieuré, fut ouvert au-dessus de la grève. Très élégamment disposé, il réunit, malgré sa modeste superficie, tout le confort des grands hôtels. Il sera tenu à l'époque par madame Taraboeuf.

III
Le port de Dinard

En haut de la descente qui mène au port de Dinard se trouvait la villa *Sunnyside* plus connue sous le nom de Maison des Saints ou Maison des Bonhommes, construite par le célèbre dentiste américain, monsieur Millard ; ensuite, s'élevaient les villas *La Perle* et *La Grande Perle*. Une fois passé le port, c'était la villa *Qui-qu'en-grogne*, maison natale de l'ancien maire de Dinard, Paul Crolard, puis *Roc-Fernand*, *Brimborion* et la *Bicoque-Blanche*, remplacée plus tard par la villa *La Baie*, et enfin Ker Verne. Aussitôt après, venaient les villas *La Caleta*, *Les Courtillets* et *Garavan*, à l'extrémité de la rue de la Perle, plus tard appelée rue de la Gare, et rue Emile Bara en son extrémité. Comme il n'y avait pas encore de promenade ni de digue, il fallait attendre la marée basse pour se rendre soit à Bric-à-brac soit à la plage du Prieuré en suivant la côte. A marée haute, on n'accédait à ces deux endroits qu'à l'aide de canots ou de petites embarcations. Cette vue prise au début du siècle montre la famille Trinot dans la petite anse, embarquée dans l'un de ces canots.

En mai 1873, le club nautique de Dinard est créé ; il organisera, à partir de cette époque, des régates internationales. Le premier président fut le duc d'Audiffret-Pasquier et le vice-président le vicomte de Mortemart. Cette année-là, les régates eurent lieu les lundi 18 et mardi 19 août.

En ce temps-là, les régates avaient lieu au vieux quai, l'endroit occupé actuellement par le port de plaisance. Le comité de jadis, sachant combien les travailleurs dinardais appréciaient cette fête, faisait en sorte de trouver une marée convenable pour que l'un des deux jours tombe un dimanche. C'était généralement en août, lors de la grande semaine de Dinard, semaine qui groupait les courses de chevaux de Pontual et les rencontres nautiques.

Les courses étaient très belles, surtout celles des grands bateaux faisant le parcours de la Conchée, Cézembre, la bouée du vieux banc avec retour par la Grande Passe. La foule massée sur la pointe du Moulinet attendait avec anxiété le passage de ces beaux bateaux dont les voiles gonflées faisaient ressortir davantage la petitesse de leur coque. Ils passaient, vent arrière, raser la pointe du Moulinet, traînant dans l'eau et foc-ballon, flying-jib.

Le clou de la fête était les fameuses courses de bisquines de Cancale. Le parcours était le même que celui des grands yachts et quelle corvée ! Puis pour l'amateur, dans l'anse du petit port, avaient lieu mât de beaupré avec prix, course aux canards, course en baquets, course à la godille, etc. Ces jeux divers avaient un très gros succès auprès des Dinardais et autres spectateurs des régates.

Une modification très importante eut lieu sur le parcours, durant l'été 1904. Toutes les séries se couraient alors jusqu'au fond de la baie du Prieuré, avec départ de la cale du Bec de la Vallée, virage à la pointe de la Vicomté, côtoyage de la baie du Prieuré, virage sous Saint-Malo et arrivée devant les tribunes ; ces dernières étaient installées sous le nouveau quai d'où l'on pouvait suivre tout le parcours en évitant cependant tout accident éventuel.

Autrefois, on accédait au port de Dinard par un chemin établi entre deux maisons de la Grande rue, aujourd'hui avenue George V. Immédiatement en regard de ce passage, habitaient quelques commerçants pour lesquels l'existence de ce chemin d'accès à la mer était d'une grande utilité commerciale. Les équipages des bateaux venant débarquer leur fret à la cale, trouvaient chez eux tous les articles d'alimentation dont ils avaient besoin.

Les maisons des armateurs étaient un peu en retrait du quai. Dans la Grande rue, prospéraient auberges et cabarets fréquentés par les matelots et patrons des bateaux du passage pour Saint-Malo. Dans ce chemin très étroit, le passage des charrettes et autres véhicules tirés par des chevaux était difficile. C'est là que l'on embarquait pour Saint-Malo les lourds paquets de toile de Lamballe, destinés à la fabrication des voiles des trois-mâts barques en partance pour la pêche à Terre-Neuve. C'est là aussi que transitaient les marins terre-neuviens et les capitaines au long cours.

En 1875, un petit escalier en bois fut établi le long du perré de cette rampe d'accès afin de permettre aux bateliers et aux marins du pays d'accéder en tout état de la marée aux nombreux va-et-vient fixés alors sur le rocher sur lequel était bâtie la villa *La Perle du Rivage* ; on y accédait autrefois par un escalier descendant le long de la villa *La Petite Perle* jusqu'à ce que monsieur Millard ne le condamne par une porte. Ces deux villas existent toujours ainsi que la porte en question !

Au début du siècle, il n'existait plus à l'emplacement du vieux port qu'une cale. Celle-ci était très insuffisante pour les besoins du commerce et ceux de la pêche. Le port de Dinard était alors devenu un simple refuge sans accès sur la rive et sans quai pour le débarquement des marchandises. Quand les commerçants des Côtes du Nord (Côtes d'Armor) protestèrent contre les dangers et l'insuffisance de son accostage, on leur donna enfin satisfaction en créant la cale du Bec de la Vallée.

En effet, le charbon consommé à Dinard devait être débarqué sur les quais de Saint-Malo ou de Saint-Servan et, de là, être transporté à la gare de Dinard par Dinan. En outre, les cultivateurs de La Richardais, Saint-Lunaire, Saint-Briac ne pouvaient profiter de leurs terres sablonneuses pour y cultiver la pomme de terre en vue de l'exportation vers l'Angleterre. Plus tard après la construction de quais sur le port, des bateaux de moyen tonnage purent y accoster mais parfois des accidents avaient lieu.

C'est sur le vieux quai, dans les années 1910, que l'on débarquait cependant les produits les plus divers venant des pays étrangers. Les bateaux de moyen tonnage venaient y accoster à marée haute, chargés de bois pour les chantiers Degonzague et Couillard, et de charbon. Les cargaisons de grain destinées à la maison Mauvieux arrivaient là aussi. A certains saisons, les cultivateurs des environs arrivaient avec leurs charrettes et chars à bancs amener les sacs de pommes de terre que l'on embarquait pour l'Angleterre. A cette époque le port connaissait une activité exceptionnelle.

Le lundi 1er juin 1908, vers 8h30 du matin, un navire norvégien *Le Thor*, jaugeant 328 tonneaux, gréé en trois mâts carrés, commandé par le capitaine Larsen et attaché au port de Kragero, arrivait aux vieux quai avec un chargement de glace pour monsieur Glard dont le dépôt se trouvait boulevard Féart. Au début du siècle, la maison Glard était alors spécialisée dans la vente de glace aux hôtels et restaurants à Saint-Malo et possédait une succursale à Dinard (au 34, boulevard Féart actuel). L'entrepôt, dans le fond de la cour est aujourd'hui transformé en habitation et occupé par monsieur et madame Raymond Nicolas.

Pendant toute la journée de ce début de juin, on procédait au déchargement du navire ; vers 11h00 du soir, à marée descendante, le navire chavira et tout le chargement passa alors à tribord. Heureusement, la résistance de l'eau empêcha une complète dislocation. Les matelots pensaient que le navire allait se relever à marée montante mais il n'en fut rien ; bientôt il fut couvert d'eau et l'équipage fut évacué.

Chaque jour, pendant des mois, de nombreux curieux vinrent voir le navire couché sur tribord et dont les tôles étaient arrachées à maints endroits. Ce bateau construit en 1872 mesurait 45 mètres de long. Il resta dans cette position inconfortable jusqu'à ce que la mer et les bandes de gamins du vieux quai, finissent par le disloquer et emmener avec eux tous les débris de cet ancien voyageur des mers.

IV

Le quartier de Bric à Brac

A la fin janvier 1905, on achève la démolition de la villa *Ker Patrick* appartenant à monsieur Lesage et qui domine la falaise. Cette petite maison composée seulement d'un rez-de-chaussée et d'un premier étage était l'une des premières maisons de Dinard. Elle avait été construite par le tenancier du moulin de Bel-Air où se dressera plus tard la villa *Le Vieux Moulin*. Cette habitation fut baptisée successivement : *Maison Lepetit, la Falaise, Cliff Cottage, la Bicoque Blanche* et enfin *Ker Patrick*.

En juin 1908, la municipalité envisagea d'utiliser les terrains Lesage et de Kersaint-Gilly situés devant le Grand Hôtel, entre la Grande rue et la mer, pour installer un square public ; cela permettait de préserver la vue de la baie pour les propriétaires situés en deuxième plan, c'est-à-dire le Club Anglais, monsieur Duvignaud (propriétaire du Grand Hôtel) et monsieur Lesage (propriétaire de la villa *Beauregard* et d'autres terrains à côté).

A la fin d'octobre, des négociations étaient en cours pour l'acquisition de deux parcelles d'environ 1000 m2. Cependant les familles de Kersaint-Gilly et de Saint-Pierre n'étaient pas décidées à céder la partie de falaise située en face du Grand Hôtel, entre la villa *La Baie* et l'escalier descendant à la grève. Quelques temps auparavant, monsieur Duvignaud avait acheté à la famille Saint-Pierre un droit de vue, interdisant toute construction à plus de 45 centimètres au-dessus du niveau de la route nationale ce qui dévalorisait beaucoup ce terrain. En outre, le tramway à vapeur passait au-dessus de cet endroit dépréciant un peu plus les propriétés en bordure de la Grande rue.

Une ville de bains de mer comme Dinard devait acquérir le plus possible de terrains non bâtis en bordure de mer afin de préserver ce magnifique panorama, qui de la route nationale se déroule aujourd'hui encore sous les yeux du touriste depuis Saint-Malo et Saint-Servan jusqu'aux falaises verdoyantes de la Rance et de la Vicomté. Des fonds furent votés par la ville, soit une somme de 31 740 F, pour acheter et aménager le jardin public projeté dans ces terrains. La promenade du Clair de Lune est connue du monde entier. Une villa située sur le port lui a donné son nom dans les années 1920. Au-dessus des rochers et des hautes murailles du port où l'on vient amarrer les bateaux, se dressent les villas du quartier de Bric à Brac construites au siècle dernier en grande partie par l'élite de notre colonie britannique. La villa qui donna son nom au quartier Bric à Brac fut construite par monsieur William Faber en 1872, pour un ancien colonel des Indes, monsieur Hamilton ; ce dernier, à la vue des objets et meubles hétéroclites qui s'y trouvaient, s'écria : "My God, quel bric à brac!" et c'est ainsi que fut baptisée la maison, puis le quartier. Cette splendide villa qui ressemble, au crépuscule, à l'un de ces châteaux hantés écossais, enserré derrière ses tourelles pseudo-gothiques, est aujourd'hui le siège du musée de la Mer. C'est un quartier au charme certain, l'un des plus fréquentés par les nombreux touristes de Dinard.

Le 15 août 1886, une demande sera faite afin d'ériger une petite digue, sorte de pont jeté sur une crevasse, pour séparer la pointe des rochers dans la grève du Prieuré ; cette digue allait permettre aux bateliers et propriétaires d'embarcations, d'accéder à marée haute aux va-et-vient établis au bas de la falaise, seul endroit de cette partie de la baie assez élevé pour y attacher les embarcations. Sur ce rocher, s'élevait la cabane du tailleur de pierres monsieur Gaudin qui avait autrefois son chantier à cet endroit, sous la propriété Brégeon, anciennement Aubert.

En mai 1892, il n'y avait toujours pas de passerelle et monsieur Lesage, propriétaire d'une partie de la falaise, fit donation à la commune d'une partie de son terrain compris entre la falaise de monsieur Brégeon et une rangée d'ormes sur sa propre falaise, afin d'en finir avec cette affaire. Il demanda également à son voisin, le capitaine Brégeon, d'abandonner lui aussi une petite partie de son terrain, afin de faire construire un escalier plus important.

Monsieur Lesage demanda que ce projet soit réalisé sous un délai de trois mois et qu'une porte soit établie par la commune sur l'escalier afin de donner à son terrain un accès à la mer ; en juillet 1892, il donnait six mois supplémentaires à la ville. Pour la construction de cet escalier, reliant la Grande rue, et de la passerelle, il fut en outre nécessaire de demander l'occupation temporaire d'une portion du domaine maintenu dans la grève. Le 26 février 1893, la mairie accepta le marché passé avec monsieur Lord, l'entrepreneur, qui construisit l'escalier puis la passerelle, au grand bonheur des enfants du quartier qui venaient y jouer.

Depuis toujours, les enfants avaient l'habitude de venir jouer "sous Gaudin" dans le jardin du Grand Hôtel et de se baigner dans l'anse. Dès la fin du siècle, cette nouvelle cale sera le rendez-vous des garnements des quartiers de la Grande rue et du Port. C'était l'endroit idéal pour se baigner et pour plonger

En septembre 1898, une cale sera construite au bas de la falaise du Grand Hôtel, dans le quartier de Bric-à-brac, sur le terrain dépendant du Dinard-Club afin d'éviter les inconvénients et le danger que représentaient les rochers humides et glissants. Un accident lourd de conséquence eut lieu au début du siècle en cet endroit, un jeune garçon en plongeant se blessa si cruellement qu'il en resta paralysé.

En 1910, une concession fut accordée à la Société des nouvelles vedettes de Dinard, un terrain domanial situé sur la grève du Prieuré, sous les villas Castelmar et Miramar, pour établir une cale destinée à l'embarquement et au débarquement des voyageurs venant de Saint-Malo. La parcelle concédée mesurait près de 300 m2. L'ancien maire, monsieur Jean-Marie Degas, en fut le concessionnaire et monsieur Eugène Gautier se porta caution solidaire.

L'année suivante, avant le début de la saison balnéaire, la Société des nouvelles vedettes creusa un chenal d'accès à cet appontement afin de pouvoir y avoir accès à tout temps de la journée, principalement à l'heure des marées basses. Le chenal rendit le plus grand service au public car l'exiguïté de la cale du Bec de la Vallée, à marée basse surtout, occasionnait de nombreux encombrements. Il évita aussi aux voyageurs la longue et pénible ascension de la cale du Bec de la Vallée en permettant aux bateaux d'accéder à cet embarcadère desservi par des ascenseurs du dernier cri.

Encore aujourd'hui, on peut prendre ces ascenseurs, très rétro ! On a construit, à côté de ces derniers, une splendide véranda de style italien qui ne nuit en rien l'aspect ancien de cette partie de Dinard. Quand on lève les yeux, on n'a aucun mal à se transporter dans le temps, on voyage ainsi dans les années 1910, à l'époque des anciennes vedettes qui transportaient les touristes à la cité corsaire.

V
Le Bec de la Vallée

Le Bec de la Vallée dont le nom est en harmonie avec la configuration topographique de cette partie de Dinard forme en quelque sorte un bec, une presqu'île avancée séparant les deux plages de l'Ecluse et du Prieuré. C'est un point terminus de la station d'où l'on peut apprécier, en ce début du siècle, le mouvement commercial et son influence sur le commerce local. Les voyageurs débarquent alors sur la cale par les vapeurs ou sur le ponton des nouvelles vedettes. Une clôture piteuse ferme l'entrée du fameux isthme dont, en 1907, on attend toujours avec anxiété le percement qui ne se fera qu'en 1911. La salle de refuge que la ville loue aux Ponts et Chaussées au prix modique de 1 F par an, est dans un piteux état. Cette même année, des travaux furent pourtant entrepris pour restaurer cette salle d'attente.

Une cloison a été édifiée dans cette salle d'attente pour aménager un bureau d'octroi. Ce bureau remplacera bientôt la petite cabane qui abritait l'employé de ce service, en haut de la cale. Sur l'emplacement de cette cabane, doivent s'élever les nouveaux W.C. pour lesquels le conseil municipal a voté les crédits nécessaires. Sous l'hôtel Bellevue, appartenant à monsieur J. Ragot, se trouve la cale aux voiliers qui, selon les hommes de métier, ne répond pas aux conditions requises pour son utilisation. Elle est trop basse et ne se prolonge pas assez ; à marée haute elle est couverte par l'eau et ne peut servir longtemps à l'accostage, à marée basse elle est inutile, car elle ne se prolonge pas suffisamment.

Le Bec de la Vallée est un endroit particulier de Dinard ; pour y accéder il faut descendre une rampe abrupte qui mène à un petit port où autrefois on réparait les bateaux. La maison du Bac, puis le café Dupont vont bientôt se construire. Avant la construction de la digue, établie par le maire Paul Crolard, on accostait les petits bateaux de plaisance directement sous les hôtels Bellevue et Printania. Les anneaux qui subsistent çà et là dans les murs, au-dessus de la promenade, témoignent encore de cette époque.

En novembre 1861, la municipalité créa une compagnie de portefaix pour assurer le service du bac de Dinard : les commissionnaires du bac. Chaque commissionnaire portait un uniforme composé d'une blouse bleue avec lisière rouge au collet et d'une casquette plate en cuir avec visière, couronnée de l'inscription suivante : Commissionnaire du bac de Dinard.

Cinq minutes avant l'arrivée ainsi qu'au départ du bateau à vapeur ou des bateaux à voiles, les commissionnaires devaient se rendre sur la cale pour recevoir ou pour lâcher les amarres des bateaux.

Il y avait lors des régates, des joutes nautiques fort appréciées. De très belles régates eurent lieu les 21 et 22 août 1904. Les années précédentes, la tribune des régates était montée sur le môle. C'était là que se trouvaient le jury et les personnalités. Le tout Dinard suivait l'évolution des yachts. Puis avec l'augmentation du nombre des vapeurs et des voiliers faisant le service entre les deux rives de la Rance, et après la mise en service des premières vedettes, cet emplacement fut reconnu comme dangereux.

Le bureau d'octroi, établi au débarquement des vapeurs au Bec de la Vallée, fut tenu à partir de juin 1869 par le sieur Alfred Alix, marin demeurant à Saint-Enogat qui prit les fonctions de receveur d'octroi ; sa rémunération était de 20/100e sur le produit brut de la perception qu'il effectuait. La municipalité acheta fin août, au prix de 91 F, une cabane en bois pour y installer le bureau de monsieur Alix. En mai 1913, les deux sociétés des vedettes de Dinard demanderont à la ville l'autorisation de louer une partie de cette salle d'attente mais cette demande sera refusée.

En 1904, le phare de Dinard qui fonctionnait depuis le 14 juillet 1884, se trouvait dans un état lamentable. Cependant, monsieur Fertray, le gardien du phare de l'époque, n'aura bientôt plus besoin de se fournir en pétrole car l'éclairage du phare va se faire au moyen d'un bec à gaz. Les consoles devant supporter les deux lanternes destinées à éclairer la cale ne seront placées que quelques années plus tard en mars 1908 ; la première lanterne sera fixée près de l'horloge et la seconde, sur les rochers bordant le chemin du fort, à mi-route du môle et de l'extrémité est de la cale.

Après la saison 1913, on procéda au repavage de la cale du Bec de la Vallée. A la fin du siècle dernier, monsieur Méhouas, allocataire des travaux de la cale, fut chargé de l'entretien et de la réparation de celle-ci.

Cette vue de 1895-96, nous montre Jean Méhouas perché sur un échafaudage et occupé à travailler à l'entretien de la cale. Il étalait des produits sur cette cale afin de la rendre moins glissante ; il réparait les murs et changeait les pierres usagées. Il avait établi sa réserve de pavés sous le môle, dans une sorte de bassin. Plus tard, lors de l'agrandissement de la cale en 1905-06, il déplaça sa réserve de pavés plus au nord. Cela ne l'empêcha pas d'être victime d'un accident de travail lorsqu'il glissa sur la grève se blessant cruellement.

Il y existait 6 urinoirs dans la station : deux sur la place de l'Eglise de Dinard, un au Bec de la Vallée, deux sur la plage, et un près de l'ancienne mairie de Saint-Enogat. Le particulier de l'époque, faute d'endroit où aller, profitait bien souvent de la nature ; c'est pourquoi, il régnait dans la commune un état de malpropreté indigne d'une station balnéaire telle que Dinard.

VI
Le Moulinet

Au début du siècle, le Moulinet est occupé par quelques villas. La première, *Roche-Pendante*, appartenait à la famille de Roederer et tenait son nom d'un rocher suspendu au-dessus du Bec de la Vallée ; elle fut démolie au début du siècle... Plus tard, s'éleva la villa *La Garde*, véritable château anglais construit à l'emplacement de deux villas appartenant autrefois à monsieur Camac, l'un des premiers américains de la station. Sur la pointe nord du Moulinet, on trouve *Saint-Germain*, autrefois villa *Mortemar*t. Près de sa demeure *Les Deux Rives*, le comte Rochaïd Dahdah fit construire les villas *Fréhel* et *La Favorite*, à proximité de l'actuel pont d'Emeraude. La villa *Granit House* domine, quant à elle, la partie ouest de la plage et au sommet de la falaise se trouve l'ancienne demeure de monsieur Coppinger appartenant au début du siècle à la marquise de Sigy. La pente de l'ancienne vallée est devenue le chemin des Cèdres au bord duquel se dresse, entourée d'un élégant jardinet, l'église anglicane érigée en 1871.

Sur la pointe extrême du Moulinet se trouvait l'ancien fort établi en 1691 par Vauban avec sa poudrière ; il fut détruit en 1744. Ce fort se trouvait à l'emplacement même du château médiéval de Dinard ou Motte aux Montfortins. Ce castel de Dinart est cité dans le célèbre *Roman d'Aquin*. Toute cette langue de terre avait subi au fil du temps plusieurs occupations. L'origine de son nom "din" ou "dum" signifie : situation élevée. Sur cet ancien oppidum qu'était Dinart, les Romains bâtirent un camp afin de défendre l'entrée de la Rance, de même qu'à la Vicomté. Un rocher à proximité du Moulinet se nomme encore Le Palais ; cette appellation viendrait de l'époque romaine. Du Moulinet, on jouit d'un coup d'oeil magnifique, le panorama est vaste, tantôt grisâtre, tantôt d'un bleu foncé devenant un peu laiteux à l'horizon quand flotte une brume diaphane donnant à Cézembre et au cap Fréhel une silhouette indécise dont la couleur va du brun au gris clair. A la fin du siècle dernier, le fort du Moulinet fut désaffecté et on procéda à la destruction de deux canons figurant alors sur la pointe. Les artilleurs qui procédèrent à des modifications dans l'armement de la batterie, dite batterie de Dinard, se livrèrent début juin 1889 à des travaux ; ils durent briser en morceaux les deux gros canons occupant cette oeuvre militaire pour les remplacer par deux autres pièces d'un type plus moderne. Ils précipitèrent les dits canons du haut de la falaise après avoir déposé une charge de dynamite de 5 kilos.

En décembre 1898, l'escalier établi par le comte Rochaïd sous sa villa *Les Deux Rives* et servant d'accès entre la rue Coppinger et le débarcadère du Bec de la Vallée fut supprimé ou plus exactement fermé à la circulation des piétons auxquels il rendait de réels services : cet incident augmenta de trois-quarts d'heure au moins la durée de la tournée du facteur et gênait énormément les promeneurs. Le comte Joseph Rochaïd fils, refusait de prendre en charge la réfection de cet escalier. La municipalité s'y refusa également.

Le comte Rochaïd avait offert cet escalier à la ville à la seule condition, qu'elle prit à sa charge son entretien. Vers le 10 août 1899, on constatait avec infiniment de plaisir que ce passage venait d'être rendu à la circulation publique.

Plusieurs pierres cependant, dans les jours qui survinrent, se détachèrent du haut de la falaise et tombèrent dans l'escalier, menaçant la sécurité des passants. Monsieur Aillerie, agent-voyer de la commune reconnut alors qu'il était urgent de consolider cette partie de la falaise. Le passage de l'escalier dut être interrompu de nouveau. On avait cru d'abord qu'il suffisait de faire tomber les pierres surplombantes, cependant, début octobre, on s'aperçut de la nécessité de construire un mur de soutien préconisé par l'architecte. Ce travail entrepris par la ville fut terminé aux alentours du 15 octobre 1900 et l'escalier rendu au public.

Le chemin de Ronde du Moulinet longeait les villas *Roc la Garde* et *Roche Pendante* et aboutissait sur le môle en face de la cabane du canot de sauvetage. Ce chemin de ronde était alors fermé et laissé à l'abandon.

Les bâtiments et terrains domaniaux dépendant de l'ancienne batterie, vendus en deux lots, furent adjugés le jeudi 22 août 1901 à 14h00 à la mairie de Dinard à messieurs Paul Darblay, propriétaire de la villa *Saint-Germain* et Jacques Hennessy, propriétaire de la villa *La Garde*, pour 110 100 F. Ces deux lots furent bientôt raccordés aux propriétés de ces deux acquéreurs. Témoin de cette époque, un chemin subsiste encore aujourd'hui entre la batterie et la villa *Saint-Germain* ainsi qu'un bâtiment ayant servi à l'artillerie et portant la date de 1885. La batterie fut bientôt rasée aux frais de l'acheteur.

La ville devenue propriétaire du chemin de Ronde qui faisait le tour de l'ancienne batterie, demanda en août 1902 à monsieur Hennessy de lui concéder une bande de terrain de 5 mètres de large dont la limite ouest allait bientôt être le prolongement de la ligne de mer de la Terrasse de la garde. Cette bande de terrain servira bientôt à réaliser un chemin faisant suite à celui de la cale du fort.

Vers la fin septembre, enfin un joli chemin taillé dans le roc montera de la cale vers les villas *La Garde* et *Saint-Germain*. Des plaques rue Camac furent apposées en bas, près du débarcadère et, en haut à l'angle de la propriété Hennessy, ce furent les premières plaques indicatrices installées à Dinard.

Le 11 juin 1903, les travaux étant presque terminés, ce chemin fut baptisé promenade Robert Surcouf. La ville de Saint-Malo inaugura une statue à Surcouf, le 6 juillet, en présence de Robert Surcouf, député et descendant du vaillant corsaire.

Le fort ou plutôt ce qu'il en restait, enclos dans la propriété Darblay, servit bientôt de serre et de garage. Un chemin bordé de grilles traversait les deux propriétés mitoyennes au fort, conduisant à une superbe terrasse ouverte sur le large et contournant le fort pour rejoindre la rue Camac.

En 1900, l'installation de la passerelle du môle devint une nécessité absolument urgente. Très agréable pour les promeneurs, elle facilitera aussi la surveillance de la douane dont le bureau se trouvait alors sur le quai du Bec de la Vallée et, en cas de danger permettait de porter secours aux canots s'échouant entre le môle et la pointe du Moulinet. Les travaux de cette passerelle furent à l'étude durant 4 ans. Le 3 novembre 1903, une commission se rendit au Bec de la Vallée afin d'étudier le terrain ; la passerelle devait relier la toute nouvelle promenade Surcouf . Elle fut terminée pour la saison 1904.

Une partie de la falaise fut cassée et des murs de soutènement érigés. La propriétaire du terrain situé en arrière de la construction autorisa, à titre gracieux, l'établissement de la future passerelle sur les rochers qu'elle possédait au nord du môle. En juin, les travaux furent adjugés à l'entrepreneur, Franck Bailly, pour une somme s'élevant à 5 550 F. Le passage fut ensuite consolidé en maçonnerie.

Au début de 1901, les comtes Rochaïd émettaient l'idée de construire un casino sur les terrains dépendant de leurs propriétés des *Deux Rives* et de *Fréhel*. Ils voulaient que la ville accepte le projet dans un délai d'un an et que ce dernier prenne le titre de casino municipal de Dinard. En avril 1906, le bruit courait à Dinard que la propriété de la famille Camac *La Roche Pendante* venait d'être achetée par la société de l'hôtel Royal afin d'y construire un superbe hôtel. Quelque temps après la saison, on démolissait *La Roche Pendante* mais jamais aucun hôtel ne fut construit à sa place, seule la villa *Granit House* fut élevée aux environs.

En 1904, on envisagea le percement d'un passage souterrain reliant les deux propriétés des comtes Rochaïd : *Les Deux Rives* et *La Favorite*. L'architecte de ce projet fut monsieur Neermann et l'entrepreneur, monsieur Bailly. Les plans furent remis à la mairie au début de janvier 1905. La digue projetée aboutissait en oblique sur le terrain communal à quelques mètres du casino. Un jardin anglais achevait l'ornement et l'utilisation du terrain.

En 1907, le projet une digue pleine, avec rochers apparents, à la place d'une corniche serpentant à flanc du coteau à mi-falaise de la propriété Rochaïd, jusqu'au casino fut présenté par le très distingué monsieur Harel de la Noë, ingénieur en chef des Côtes du Nord. Ces plans reçurent des modifications début 1908, avant d'être envoyés pour approbation à l'autorité préfectorale. La lenteur administrative recula le début des travaux en 1912.

Après enquête en date du 14 mars 1910, le mois suivant on se préparait à amorcer dans la rue Coppinger, le passage destiné à relier, plus tard, la plage de l'Ecluse à la cale du Bec de la Vallée. Les travaux commencèrent sous la forme d'une passerelle, fin avril 1910, et avancèrent rapidement.

Début juillet 1911, les difficultés de terrassement que rien ne laissait prévoir obligèrent l'entrepreneur à faire des étaiements et des reprises en son oeuvre fort délicates. Vers la fin juillet, tout était presque terminé, il ne restait plus que quelques travaux de déblaiement à effectuer. On espérait ouvrir La Porte d'Emeraude au public dans les premiers jours d'août.

Quelques jours avant la fin juillet 1911, la Porte d'Emeraude mettait en communication la cale avec la plage de l'Ecluse. Les nombreux touristes furent enthousiasmés de la vue splendide qui se déroulait sous leurs yeux. De la jetée promenade qui lui faisait suite, on jouissait alors d'un panorama unique. Le mercredi 6 décembre 1911, vers 16h00, un éboulement important se produisit dans la falaise supportant la passerelle de la rue Coppinger. Un énorme bloc de rocher et de terre s'était détaché venant obstruer le passage de la Porte d'Emeraude.

Dix à quatorze terrassiers et carriers travaillaient au chantier lorsque le samedi soir 16 mars 1912, un nouvel éboulement se produisit sur le chantier de la Porte d'Emeraude. Un immense bloc de rochers et de graviers s'écroula au moment précis où les ouvriers se retiraient après avoir allumé une mine. Cet éboulement se produisit dans la partie sud-est de la falaise entraînant une petite partie de la rue Coppinger.

Des précautions furent prises quelques jours plus tard lorsqu'on mina la partie sud du rocher afin d'éviter un autre éboulement ; plus le travail avançait, plus on se rendait compte de la difficulté du travail entrepris.

Les travaux allaient avec tant de lenteur début avril que les Dinardais s'inquiétèrent de jamais voir la circulation s'effectuer sur la passerelle pour la saison 1912. Les propriétaires du Moulinet, messieurs Hennessy et Darblay, absents pour l'hiver se verraient prisonniers sur leur îlot aux beaux jours ; il leur serait impossible de passer leurs automobiles et leurs équipages. Finalement, les travaux s'achevèrent en juillet 1912 ; la Porte d'Emeraude devint ainsi la porte d'honneur de la plage de l'Ecluse.

Le chemin établi en forme de terrasse, bordant la grève, était planté de séculaires tamaris aux troncs noueux. De l'autre côté, des rochers surplombaient les immeubles. Sur les escaliers de service qui descendaient vers cette terrasse et sur les murs de fondations, la nature avait semé des herbes folles, des lierres, des plantes grimpantes. Sur les bancs plantés là, les gens aimaient à s'asseoir et à goûter le charme de la grève déroulant sous leurs yeux son tapis de sable d'or.

Les déblais de rochers de la falaise vinrent servir de fond à la digue de l'Ecluse en construction. Il fallait que cette digue ait un accès facile sur la grève ; c'est pourquoi, on imagina en avril 1912 de placer une passerelle allant des terrains Ker St-Gilly aux abords du casino et qui aboutirait à l'escalier descendant à la plage, à droite du High-Life Casino.

Répondant à cette question, monsieur Boutin, directeur des bateaux de la Côte d'Emeraude, sollicitait, le 15 juin suivant, l'autorisation de construire à ses frais, sur la plage, une passerelle provisoire à l'usage du public. Il permettait ainsi aux voyageurs arrivant par ses vedettes d'arriver directement devant le casino. Il rivalisait ainsi avec la Nouvelle Société des Vedettes Vertes qui avait installé un ascenseur électrique dans la villa *Régine* bientôt suivi d'un second, et qui permettait aux clients d'arriver presque au centre ville.

L'ouvrage devait répondre à des conditions de solidité. La passerelle, posée le 20 juin 1912, mesurait près de 60 mètres de long et avait coûté 6 000 F à la Compagnie des bateaux de la Côte d'Emeraude. Elle allait, l'espace d'un été et peut-être deux, jusqu'au pied de l'hôtel des Bains, c'est-à-dire jusqu'à l'escalier descendant sur la plage de l'Ecluse, attenant au Grand Hôtel de la Plage.

Son parquet de bois et sa balustre colorée en faisaient un passage plein de charme. Sur son parcours, des pavillons tricolores ou verts, portant les trois lettres B.C.E. (Bateaux de la Côte d'Emeraude), claquaient au vent. L'idée était ingénieuse ; désormais, la Porte, la Terrasse et enfin la Passerelle d'Emeraude formaient un tout d'élégance constituant un des plus beaux attraits du pays.

La municipalité de monsieur Crolard voulait créer une superbe promenade en corniche partant du Bec de la Vallée, contournant le Moulinet et venant aboutir à la plage de l'Ecluse. L'été 1912, on eut donc l'idée d'établir une passerelle de 2 km, autour du Moulinet ; le projet ne fut jamais pris au sérieux.

Des travaux d'assainissement avaient lieu et des négociations furent entreprises, en mars 1913, avec madame Darblay et monsieur Hennessy en vue d'obtenir l'autorisation de faire passer un collecteur d'égouts sous leur terrain. Ce tunnel passerait sous la Porte d'Emeraude, descendrait la cale et traverserait le môle en longeant les rochers de la villa *La Garde* pour aboutir à l'extrémité de la pointe du Moulinet, au-dessous du niveau des marées les plus basses.

Les travaux de la Promenade débutèrent par des travaux de nivellement et d'élargissement de la promenade Rochaïd.

Le maire, monsieur Crolard, avait la prétention machiavélique de faire passer le tramway à vapeur sur cette digue de 18 mètres de largeur. La dernière marée avait déjà déplacé tout le sable et déchaussé des rochers, quant aux vagues, elles avaient déferlé jusqu'au casino. On avait déjà retiré sous le casino cette série de grandes cabines devant lesquelles jouaient les enfants. On redoutait aussi de creuser sous le Pont d'Emeraude de peur que la villa du comte Rochaïd ne s'écroule au cours des travaux.

A la mi-juillet 1903, la digue fut enfin inaugurée. On y travaillait bien encore un peu de ci, de là pour placer le garde-fou et terminer le dallage. Elle était absolument parfaite et son éclairage nocturne était splendide. Elle devait, avec sa largeur, être la continuité de la route Bordeaux - Saint-Malo qui suivait la Grande rue de Dinard et la côte du Bec de la Vallée.

Durant l'hiver 1913, on supprima l'aqueduc se découvrant à marée basse sur la plage de l'Ecluse et la digue fut prolongée au-dessous de l'hôtel Royal jusqu'à l'escalier de la Malouine, montant à droite du Crystal. Cette dernière digue sera un peu moins large que celle construite sous le casino. Du côté de la Porte d'Emeraude, la chaussée sera bientôt terminée et un square, formant le pendant de celui déjà existant du côté de l'hôtel des Terrasses, comblera l'extrémité. Des bancs furent également placés sur la digue, plus nombreux et plus coquets que les premiers.

VII
La plage

La plage de l'Ecluse est flanquée, à droite comme à gauche, de falaises abruptes. Des guérites de bois peint se dressaient, serrées en ligne sur le sol parqueté de longues planches, tassées aux quatre coins du casino. Le matin à l'heure du bain, la plage s'emplissait des baigneurs.

C'était au cri de "Vive le Plaisir, Marchand de Plaisir", que ces marchands ambulants appelaient les clients potentiels. Sur les plages de Saint-Enogat et de Dinard, à la fin du siècle dernier et au début de ce siècle, ils étaient deux ou trois, Basques ou Espagnols. Ils vendaient des petites gaufrettes et portaient sur leur dos leur étrange appareil imitant une roulette de casino. Pour deux sous, vous gagniez le nombre de gaufrettes correspondant au numéro que vous aviez tiré.

A la belle époque des bains de mer de grand-papa, les enfants se réjouissaient du spectacle qu'offraient ces petites voitures traînées par des chèvres à poils longs, conduites par des enfants en guenilles venant des fermes et des villages de la Guais, de la Bodinais et de l'Orilois.

C'était un attrait amusant de la plage de l'Ecluse au début du siècle. Le soir, ils remontaient la grève les poches pleines de piécettes et regagnaient leurs villages. Cet argent contribuait largement à faire bouillir la marmite dans les familles pauvres.

Au début du siècle, il n'existait malheureusement pas d'urinoirs aux abords de la plage de l'Ecluse. C'est donc à la descente de l'escalier longeant le mur de l'esplanade, du côté ouest de l'hôtel des Terrasses, que fut construit le chalet de nécessité. Afin d'en cacher, ou tout au moins, d'en dissimuler l'aspect peu engageant, on planta autour des bosquets de fusains.

Le bâtiment fut mis en service pour le début de la saison 1905. La dépense due à la construction de ce petit édifice ayant dépassé le budget initial, on décida un prix d'entrée, à titre d'essai, de 0,15 F pour les cabinets avec toilettes et de 0,10 F pour les autres.

A l'occasion des courses de chevaux de Dinard, au célèbre hippodrome du Bois-Thomelin où se trouve aujourd'hui l'aéroport Dinard-Pleurtuit, la Compagnie des Chemins de Fer de l'Ouest, organisa des trains spéciaux de voyageurs. A ces occasions de nombreuses personnes en villégiature venaient à Dinard, découvrir les joies de la plage et de la mer. Ils arrivaient en foule au début de l'après-midi par un beau jour de 14 juillet ou de mi-août ou lors de concours de musique ou de courses aux ânes et donnaient un spectacle des plus pittoresques aux élégantes de la grève de l'Ecluse.

La clientèle de ces trains de plaisir était originaire de Betton, Combourg, Guichen ou de Saint-Père-Marc-en-Poulet ; elle déjeunait sur les rochers ou sur les bancs des promenades.

Au début du siècle, les fêtes de la plage attiraient de nombreux curieux : courses de chevaux (réservées aux chevaux du canton), courses de trot monté et de galop devant le High Life Casino, courses d'ânes ou de poneys et courses à pieds, en sacs ou à bicyclettes. Durant ces courses, d'autres jeux animaient la plage, bains russes ou mâts de cocagne, et, le soir, une retraite aux flambeaux suivie d'un feu d'artifice illuminaient la plage. Ces fêtes étaient données annuellement par le casino.

D'autres jeux avaient lieu : courses en barriques, combats d'oreillers, noir et blanc, et jeux de pots. Les musiques militaires et harmonies prêtaient volontiers leurs concours à ces festivités.

Les jeux de la plage à Dinard, en ces premières années du siècle, étaient des plus divers, mais le jouet favori était le *Svelte diabolo*, un jeu ancien qui existait déjà au XVIIIe siècle. Ce jeu ne supplantait cependant pas le tennis, importé par la colonie britannique.

Un autre jeu consistait à élever des fortifications pour arrêter les assauts des vagues ; les enfants sculptaient également des bateaux dans le sable, les décorant d'élégants pavillons ; les galets de la grève permettaient d'édifier des remparts, des donjons, des châteaux-forts que l'on pouvait ensuite abattre à grands coups de pierres. Sur le castel qui avait le mieux résisté, on plantait l'étendard de la victoire.

La déradoire était le jeu favori de beaucoup. Il consistait à se laisser "dérubler" ou glisser du haut des mielles et des falaises de sable sur la grève. Lorsque les mielles furent remplacées par des jardins et des villas, ce jeux ancestral disparut faute de stade.

Au début du siècle, les petits ânes caracolaient sur la grève à la plus grande joie des enfants. Ils avaient de jolis pompons de laine rouge, ils se promenaient en face du casino, avec d'élégantes hottes d'osiers.

En 1904, Henri Quenesson, confiseur à Saint-Malo vint installer sa cabane en bois à l'entrée de la plage de l'Ecluse ; là, il tenait une petite confiserie durant toute la saison. Le propriétaire du baraquement logeait dans une tente que l'on voit près des rochers.

A la fin de la saison 1905, les deux forains demandèrent le renouvellement de leur concession pour la saison 1906, mais le conseil municipal refusa, car durant la saison, ces deux forains, ainsi que tous les autres, bloquaient l'unique entrée de la plage. Tous avaient établi des baraques entravant la circulation et leurs conditions de vie rendaient cet endroit insalubre.

Malgré des arrêtés payés en avance, ils durent enlever les baraquements dans les huit jours suivant la décision du conseil municipal, c'est-à-dire le 10 juillet 1906.

VIII
Le casino

Le premier casino fut inauguré en août 1866 ; il était en bois, monté sur pilotis, et, à chaque marée, la mer venait en ébranler les fondations. En 1877, un casino plus vaste, vint remplacer le premier. On y adjoint alors un service hydrothérapique des plus modernes pour l'époque. A la fin 1877, sur une proposition du maire, monsieur Lhotelier, on installa une boîte aux lettres à l'entrée de l'édifice, pour les nombreux baigneurs habitant Dinard durant la saison. Au fil des années, le casino subit maintes transformations. En mars 1906, le casino était à moitié démoli, on lui adjoignit une aile en ciment armé ; ces travaux dureront jusqu'en juillet, date de l'ouverture de l'établissement appelé désormais High Life Casino.

Petit à petit l'édifice changea d'allure. Au début de 1908, le directeur du High Life Casino, monsieur Boxhorn, fit percer de nombreuses ouvertures donnant sur l'escalier public qui descendait à la plage de l'Ecluse. L'année suivante, il fit construire des balcons en saillie sur la partie faisant face à la mer.

A la mi-septembre 1908, après le dernier bal au High Life Casino, les pelles et les pioches entrèrent en scène. En octobre, les ouvriers prendront possession une fois encore du High Life Casino afin de l'agrandir. La dernière partie en bois de l'édifice fut presque entièrement détruite laissant, pendant des mois, un emplacement vide au milieu de la plage.

Au début de la saison 1911, un casino tout neuf, à la façade blanche et entièrement reconstruite en ciment armé, fut livré aux baigneurs de la station avec de nouvelles salles plus spacieuses et mieux aménagées. En octobre 1913, on travailla à la transformation de l'aile ouest du casino, au-dessus de laquelle on construisit des étages destinés à l'agrandissement de l'hôtel des Terrasses.

En novembre 1904, à la suite d'agrandissements, le directeur se proposa de faire construire à ses frais, sur le pignon est de l'immeuble, un nouvel escalier en granit à deux paliers. Cet ouvrage très pratique devait faciliter l'accès au casino et relier le boulevard de l'Ecluse à la Plage. Le conseil municipal, après avoir examiné les plans, les approuva à l'unanimité.

En mars 1906, la ville demanda un escalier en ciment armé. L'escalier devait avoir une largeur libre entre limons de 4,50 mètres et devait comprendre deux paliers intermédiaires de repos. Ces paliers seront circulaires et elliptiques comportant quatre bancs en ciment armé offerts personnellement par monsieur Henry, un riche propriétaire de la station. La ville se réservait la propriété de l'escalier aussitôt après son achèvement. La soumission d'un nouveau plan se fera le 17 mai 1906.

Entre temps l'escalier étant construit, monsieur Gratien, architecte à Dinard, voulut l'emprunter et manqua de tomber. Il reprit ses esprits, regarda les marches qui lui semblèrent trop petites. Il se rendit à la mairie afin d'examiner le plan de l'escalier, où il fut reçu par le maire.

Le 13 août 1906, monsieur Robberi, informait la municipalité que l'escalier était fini. Le 20 août, une séance de commission des travaux aura lieu. En fait, l'escalier, non conforme, ne pourra être utilisé, jugé dangereux.

Les travaux de modification de l'escalier furent surveillés par un agent de l'administration municipale payé par le directeur du casino. La réfection se fera en mai 1907 ; les marches seront élargies d'environ 3 centimètres et le dessous de l'escalier déblayé d'un tas de choses innommables. Le 1er juin, les travaux s'achevèrent mais l'inauguration n'eut lieu qu'à la fin de la saison pour voir si l'oeuvre, ainsi aménagée, pouvait remplir sa fonction. Ce ne fut qu'après le 28 novembre 1907, qu'eut lieu la réception.

A la fin du siècle dernier, la mielle régnait sur cet endroit. A l'est du casino se trouvaient des terrains vagues appartenant à messieurs Frangeul et Auscher. Le 16 octobre 1901, la ville de Dinard votait l'achat de ces terrains pour un prix de 40 000 F afin d'y aménager un square.

L'affaire dura en longueur. La préfecture autorisa la villa à acheter les terrains le 28 juillet 1903. Le 30 novembre 1904, monsieur Legendre, riche propriétaire possédant de nombreux terrains sur le boulevard de l'Ecluse et au-delà, y fit construire de nombreux magasins et demanda d'acheter ce terrain à la ville. Celle-ci acceptait mais à condition que ces derniers fussent toujours accessibles au public comme ils l'étaient à l'époque et qu'il n'y soit élevé aucune construction susceptible de gêner la vue de mer et même de la plage aux personnes circulant sur le boulevard.

Une lettre du 8 mai 1905 déclara d'utilité publique le terrain planté de fusains où les enfants venaient jouer ; il fut décidé de le convertir en jardin public. Les travaux d'aménagement de square, prévus avant la saison, ne furent pas exécutés. La lenteur administrative en était la raison. Un crédit de plus de 300 F avait été voté mais non homologué par la préfecture.

Propriété de la ville depuis 1902, le square de la plage ne fut mis place qu'au début de l'été 1907. C'est après maintes démonstrations courtoises que ce terrain communal, dit terrain Frangeul, contre l'escalier du casino, se transforma en square planté d'arbustes, avec allées pelouses et plates-bandes.

L'aménagement des bouches d'eau dans ce square, pour permettre d'arroser les plantes, coûta près d'un millier de francs. En juin, on s'occupa d'arracher les mauvaises herbes et de préparer les toilettes de ce jardin public ; on y installa même quelques bancs.

En 1912, un joli manège s'installa sur la plage, près des cabines de bains où séchaient, sur des fils, les maillots de bains de l'établissement de bains de mer du casino. Les mamans s'asseyaient sur la murette, afin de surveiller leurs enfants qui jouaient sur les chevaux de bois.

IX
L'hôtel des Terrasses

Le premier hôtel, construit directement sur la plage de l'Ecluse, fut le Grand Hôtel des Terrasses qui, en 1889 vint se coller littéralement contre le nouveau casino rebâti en 1877. Le propriétaire de l'hôtel était monsieur Cuvelier. Au début, l'établissement devait porter le nom d'hôtel du Globe. Les travaux débutèrent en 1889 et, menés par au moins une centaine d'ouvriers, l'hôtel ouvrira pour la saison 1890. C'était alors l'un des plus beaux de la station. Il recevra le Grand Duc de Russie en août de l'année suivante et sera le rendez-vous de l'aristocratie européenne.

Dans la salle de restaurant des Terrasses, les clients bénéficiaient d'une vue magnifique. A la fin du siècle, l'orchestre était " Un Rect Hungarian Band". Les déjeuners et dîners en musique se prenaient aussi sur le balcon dominant la plage et, Bunko, un artiste de l'époque, chantait. Une foule venait l'écouter chaque jour. Le chasseur partageait les courses de l'hôtel et du restaurant avec son frère.

X

Construction de l'hôtel Royal et du Grand Casino

Depuis longtemps les terrains acquis par monsieur Poussineau, dominant la plage de l'Ecluse, étaient à l'état de dunes. A la fin du siècle dernier le propriétaire y fit aménager des promenades. Au début de 1900, les terrains, dit Squares des Falaises, furent vendus à une société parisienne pour la somme de 450 000 F. La vente fut réalisée par le banquier John Le Coq, directeur du journal *La Côte d'Emeraude*. A cette époque tout le monde s'accordait pour baptiser Dinard : La Nice du Nord.

A la mi-juillet 1901, des affiches placardées en ville annonçaient que les travaux du nouveau casino et du nouvel hôtel allaient bientôt débuter. L'adjudication eut lieu à Paris le 23 novembre. Fin mars 1902, les travaux de menuiserie commençaient. A cette époque, monsieur Bertrand, le directeur, signait les engagements de la troupe qu'il avait engagée pour la saison.

Au début de la saison 1902, le roi Oscar II de Suède et de Norvège arrivait de Biarritz et descendait à Dinard ; il fut l'invité du club nautique. Le 3 juin le bruit courait à Dinard que le Casino Hôtel Royal, en cours de finition, venait de s'effondrer. Heureusement, seule une partie de la coupole, en brique, s'était détachée.

Au début d'août 1902, on inaugurait l'hôtel Royal et le Grand Casino. Après la première année d'exploitation, en mars 1903, le propriétaire de l'hôtel, Henri Ruhl, trouvant les proportions de la salle à manger de l'hôtel trop petites, décida de lui annexer une marquise sur l'extrémité de la magnifique terrasse de l'établissement.

En juin, les travaux d'agrandissement de la salle à manger du Casino Royal étaient commencés. A l'entrée principale du casino, sur le boulevard des Falaises, on avait déjà placé une marquise du plus gracieux effet. A la fin de 1904, débutèrent les travaux de surélévation de l'hôtel Royal. Le beau temps dont jouit Dinard, cet hiver-là, permit de poursuivre les travaux sans interruption. Pendant ce temps, on agrandissait également l'hôtel Crystal.

En février-mars 1905, deux étages supplémentaires viendront couronner l'hôtel Royal. En juin, la troupe phénoménale de Buffalo Bill devait débarquer. C'est à cette époque, que l'on installa l'ascenseur de l'hôtel, le premier ascenseur de Dinard. Plus bas sur la plage, s'installeront, également, les établissements de bains de mer exploités par l'hôtel et uniquement réservés à sa riche clientèle, contrairement aux bains Ménétrier construits sur la plage à quelques dizaines de mètres, juste sous les murs de l'hôtel.

XI
L'hôtel Crystal

En 1890, la ville achète une partie du terrain de monsieur Champion, situé à l'ouest de la plage de l'Ecluse ; elle veut y faire construire un escalier reliant le boulevard de Saint-Enogat (boulevard Albert Lacroix actuel) à la grève de l'Ecluse. Le devis s'élèvera à 250,91 F. La construction de l'escalier commencera au début de 1891.

L'année suivante Dinard va s'enrichir d'une nouvelle merveille. Jusqu'ici de coquettes villas et d'élégants castels se construisaient dans les quartiers de la Malouine mais en ce mois d'avril 1892, s'élève, sur les terrains de monsieur Champion, riche fromager de la région de Rennes, près du parc de la Malouine, une maison de verre haute de six étages. En 1894, la villa Crystal deviendra le Grand Café Glacier et le Casino Crystal. La grande rivale de Sarah Bernhart, Méphisto, y descendra cette année-là accompagnée de son professeur espagnol, Roméo Liobet, des Folies Bergères de Paris. L'ascension de la tour, surplombant l'édifice, fit le délice des touristes de l'époque pour 50 centimes seulement. Hélas, le casino dut fermer ses portes en 1896.

Au début de la saison balnéaire 1899, la villa Crystal louée par un docteur parisien, le docteur Perret, sera convertie en institut médical d'hydrothérapie, d'électrothérapie et massothérapie. Deux ans plus tard, en 1901, s'élèveront près de la villa Crystal les villas *Grand Bé*, appartenant à monsieur Roche de Paris, *Reine Hortense* et *Souvenir* au comte de Vlassov. La villa Crystal sera achetée à cette époque par ce comte d'origine russe.

En 1904, la villa Crystal fut convertie en hôtel et au début de 1905, débutèrent d'autres travaux avec création d'un splendide jardin d'hiver attenant à l'établissement suivi d'un second hôtel de soixante chambres, construit sur le modèle d'un hôtel parisien. Le 7 avril 1906, l'hôtel ouvre ses portes à nouveau.

Au début de l'année 1907, l'établissement perdra son dôme de verre si dangereux pour la navigation. En effet, le soir ii illuminait, d'une couleur verdâtre, une partie de la plage faisant croire aux bateaux qu'il s'agissait d'un immense phare. Fin 1907, le Crystal Hôtel s'agrandit d'une aile supplémentaire qui contribua à lui donner un aspect imposant. L'établissement fut tenu de nombreuses années par l'excellent tenancier, Henri Legendre, propriétaire du célèbre hôtel de la Mer et des villas de la Mer à Saint-Enogat.

XII
La Malouine

En 1864, le duc d'Audiffret-Pasquier, riche propriétaire normand, découvre la Malouine, au cours d'une partie de chasse. Séduit par le site enchanteur, il acheta l'ensemble des terres et y fera construire, en 1866, l'immense villa *La Malouine*, faisant face à Saint-Malo. Ce parc était entièrement isolé, il n'existait entre la plage de l'Ecluse et la grève de Saint-Enogat que deux constructions, un moulin à vent, à l'emplacement des Marettes, et le château de la Malouine. Tout le long de la mer, courait un sentier à l'usage des douaniers qui, pour y accéder, pénétraient dans le parc par une porte qu'on reconnaît encore le long de l'escalier (actuellement construit jusqu'à la plage). Aujourd'hui, la petite cabane des douaniers a fait place à une villa.

251. - DINARD. - La Malouine

C'est surtout à partir des années 1880 que va s'organiser la Malouine. En effet, la vente du domaine de la Malouine par le duc d'Audiffret-Pasquier à monsieur Auguste Poussineau, se fera le 30 octobre 1879. L'année suivante, Auguste Poussineau entreprend de revendre le domaine par lots. D'abord à Louis Thébault, puis à Henri Gosselin, au comte Saint-Gilles et à Ernest Prévost qui, aussitôt y feront construire les premières villas.

(E|D) Côte d'Emeraude 783. DINARD — La Pointe de la Malouine

The point of Malouine

En mai 1890, madame Sebert et monsieur Petit, nouveaux propriétaires à la Malouine, sollicitent la location de tous les rochers se trouvant entre le plein de mars et la grève de l'Ecluse afin d'y établir des sentiers. Cependant, afin de ne pas priver les habitants et les touristes de cette promenade, le conseil municipal rejeta cette demande.

En 1894, monsieur Poussineau négociera avec la municipalité l'escalier en pierres, près de la villa *Port Salut*, qui descend à la grève, contre un bout de sentier de quelques mètres au-dessus de la grève des Etétés. L'amorce d'un chemin de ronde se fera. Une partie des villas de la Malouine est déjà construite : *Ker Willy*, *Kerosar*, *Belle Assise*, *Roche-Plates* et *Roches-Brunes*. Monsieur Poussineau, à cette époque, est propriétaire de 22 maisons dans ce quartier.

La famille Sebert-Goupil occupa le château de la Malouine à la fin 1891, la famille Maulussan la villa *La Source* et la famille Legros de Wignehies *Aux Bruyères*.

Elles ont pour noms, *La Sapinière, Kerosa, Belle Assise, Ker Anic, Roche Plate* et *Roche Brune* et font partie du patrimoine dinardais. Ce sont les plus belles villas de cette pointe de la Malouine si souvent contée. Surplombant les rochers et la promenade, assises sur des murailles de pierre et sur des arches de style néo-gothique, elles font partie du décor magnifique de cette anse qui inspira de nombreux poètes.

A l'extrémité de la pointe de la Malouine, *Roche Brune* fait face à la mer. C'est la villa la plus photographiée de Dinard, dans son parc verdoyant. La rue continue et, lui faisant face, c'est *Ker Anic, Cendrillon, Velox, Le Chalet des Bruyères, Les Mirages* et *Les Korrigans*. En contrebas, se trouve l'ancien chemin des douaniers qui s'en allait vers Saint-Enogat que l'on devine encore à travers les rochers.

Plus loin encore, sur le bord de la mer, la villa *Kerémérance* est aussi appelée la villa de repérage avec sa latitude indiquée son mur d'enceinte et son cadran solaire. Puis, on trouve *Thémis*, *Ker Laumec*, *La Lorraine et Greystones*.

L'actuelle rue de la Malouine était appelée autrefois chemin Martin. Il garda ce nom jusqu'à son élargissement à la fin du siècle dernier. Au début de l'été 1894, une pétition organisée par les habitants de la Malouine demandait l'installation de deux lanternes à gaz.

A la même époque, une autre pétition signée par 63 propriétaires demande l'élargissement à 10 mètres du chemin Martin ; le chemin ne mesure alors que 6 mètres de largeur et les piétons ont beaucoup de mal à garer leur voiture du côté du Chalet des Mielles.

En 1902, l'élargissement de la rue de la Malouine amorcé depuis plusieurs années, est de nouveau à l'ordre du jour ; c'est devenu une absolue nécessité par suite des nombreuses constructions qui s'y sont élevées et, principalement, l'hôtel Royal et le Grand Casino. Les travaux ne se commencèrent cependant qu'en début de l'année 1906, pour s'achever au mois d'avril.

Un alignement fut réalisé dans le prolongement de la rue de la Malouine jusqu'à la mer. Les nouvelles constructions furent construites en retrait. En janvier 1906, les parages de la Malouine nécessitaient une rénovation ; à titre d'exemple, sur les sept à huit réverbères aux alentours, plus de la moitié n'éclairaient pas, gênant parfois l'intense circulation à cet endroit.

En juillet 1905, le parc de la Malouine est littéralement envahi par des bohémiens. Suite à cet incident, le conseil municipal décida de ne plus accepter d'autorisation de séjour à ces derniers sur le territoire de la commune ; cette mesure s'étendit à tous les marchands ambulants. Au début de mai 1909, le parc de la Malouine sera goudronné. Monsieur Poussineau avait acheté le domaine de la Malouine au duc d'Audifret-Pasquier ; il y entreprit d'importantes modifications et en fit un parc merveilleux, aux larges avenues bordées de grilles et de somptueuses villas. Il existait dans ce parc un joli rond-point dominant le large et une fontaine qu'ombrageait de grands arbres.

XIII
Saint-Enogat

Au début du siècle, après avoir quitté les villas de bord de mer et Le Prés des Oiseaux de Judith Gautier, il n'y avait aucune villa du côté est de la grève de Saint-Enogat. Du côté ouest, on trouvait la villa *Roche Palis* et, plus en retrait, *Le Chalet du Tertre Mignon*. Plus loin, encore d'autres villas se côtoyaient : *Les Herbiers*, *Les Roches*, *Les Houles*, *Sainte-Marie* et enfin le château de La Goule aux fées. C'est à partir de la fin du siècle dernier que s'installa le premier établissement de bains de mer de Saint-Enogat. En effet, suivant l'exemple de Dinard, quelques cabines de bains et une modeste cabane à utilité prirent place sur la plage. L'établissement du maître-baigneur Le Bail s'installa au bas de la descente de la plage, côté ouest, dans les dunes herbeuses.

Beaucoup d'étrangers fréquentaient, au début du siècle, l'établissement de bains du baigneur Edouard Le Bail, titulaire de quatre médailles et qui avait à son actif 11 sauvetages. En 1905, monsieur Marcel est tenancier de l'établissement de bains de la plage de Saint-Enogat et maître-baigneur. Il demandera la location pour un certain nombre d'années du terrain communal, à l'ouest en bordure du chemin conduisant à la grève, pour y établir d'une façon plus stable son établissement de bains.

Il reçut une vive opposition des habitants de Saint-Enogat car, à cette époque déjà, chaque villa établie au-dessus de la grève possédait sa propre cabine de bains dans laquelle les baigneurs passaient de temps à autres. Le nouvel établissement pouvait causer un grand tort aux baigneurs des villas de Saint-Enogat.

C'est ainsi que le maire décida, dans une délibération du conseil municipal, que le terrain communal, tant à l'ouest qu'à l'est du chemin d'accès à la plage, serait divisé en trois zones. Dans la zone proche de la plage, les propriétaires des cabines devront payer 5 F le m2 par an pour la saison ; dans la deuxième zone, un peu plus éloignée, le prix s'élèverait à 3 F le m2 par an pour la saison ; quant à la troisième zone, la plus éloignée, il faudrait compter 1,50 F le m2 par an pour la saison.

Chaque personne propriétaire ou entrepreneur de location de cabines ne pouvait avoir qu'un seul emplacement en première zone afin d'éviter le monopole. Cette mise en location commença dès la saison 1905.

Si la clientèle de la plage de Dinard était mondaine, celle de Saint-Enogat restait familiale. Autrefois un ruisseau descendait depuis le bourg jusqu'à la mer au point dit Marette (petite mare). Cette marette se trouvait au-dessus de la plage du bourg. Le ruisseau qui se déversait dans la mer s'appelait Ménaâtre. C'est le long de ce ruisseau que descendaient les lavandières du vieux bourg afin d'y laver leur linge. Le soir, elles remontaient leurs brouettes chargées jusqu'à leurs habitations. Au début de 1904, on décida de canaliser le ruisseau. Un projet fut établi le 28 mars de l'année suivante. A la mi-juillet 1905, les travaux de canalisation n'étaient pas fait. De vives protestations se firent entendre en haut lieu ; la plage de Saint-Enogat à cette époque semblait abandonnée. Il fallut encore plusieurs années avant de voir disparaître les eaux de ce ruisseau sur la grève du bourg.

En juin 1910, l'hôtel Michelet était habillé de roses avec ce cachet de petite ferme qui veut se donner des airs de château ; son jardinet ressemblait à une minuscule cour d'honneur.

Plus loin encore, nous arrivons à un chemin cahoteux rempli de gravats. Où allait-il ? La plage ? toujours des graviers ! Les cabines ? elles étaient plutôt mal en point.

L'escalier qui montait à l'hôtel des Villas de la Mer était lui aussi dans un état déplorable. La mer avait tout bousculé. L'hôtel des Villas avait cependant repris bonne allure ; le jardin était fleuri et verdoyant.

A la fin février 1905, une terrible tempête souffla plusieurs jours. Elle remettait au jour le vieux chemin qui descendait à la grève de Saint-Enogat et qui avait disparu depuis plus de trente ans sous le sable. Ce vieux chemin qui s'ouvrait sur la grève, en forme d'éventail possédait alors un sol plus dur que la pierre.

Aux portes même de Dinard, se trouve une des plus belles grottes des côtes de Bretagne. Les siècles, la force des marées ou quelque mystérieux cataclysme ont creusé dans la falaise sous l'ancienne propriété de monsieur Hébert, à Saint-Enogat, cette profonde cavité de plus de 40 mètres. Une légende raconte que des fées changèrent un jour la pauvre barque d'un vieux pêcheur de Saint-Enogat en une barque neuve pleine de poissons, d'où l'origine du nom de ce chemin. Depuis longtemps le chemin de ronde de la Goule aux Fées, sous la villa de monsieur Hébert à Saint-Enogat, était fermé à la suite d'un dissentiment entre le maire de Dinard et monsieur Hébert. Cette délicieuse promenade qui était autrefois ouverte au public fut fermée par le propriétaire qui fit barrer le sentier longeant la grotte. En septembre 1899, monsieur Massion, fut chargé, par le syndicat, de convaincre monsieur Hébert d'ouvrir le chemin.au public. C'est en janvier de l'année suivante que monsieur Solacroup, le nouveau propriétaire du château de la Goule aux Fées, rendit à la circulation le chemin longeant son enclos, endroit très fréquenté des touristes et des habitants du pays. C'est encore de nos jours une des plus jolies promenades de Dinard.

1428 - SAINT-ENOGAT - Les Villas de la Mer

Remerciements

L'auteur remercie très particulièrement, monsieur Gérard Voisine pour sa contribution à ce tome II consacré à Dinard ; il a réalisé le montage de l'ouvrage tel un véritable maître d'oeuvre, y consacrant plusieurs mois. Mes remerciements vont également à : l'abbé Pierre Blin, Emile Deschamps, monsieur et madame Dibout, Jean Le Corguillé, Jean et André Durand.
Je remercie également tous les anciens dinardais que j'ai côtoyés au cours de ces vingt dernières années, d'anciens amis, certains aujourd'hui disparus, dont le témoignage a permis à cet ouvrage d'être le lien entre le Dinard d'hier et le Dinard d'aujourd'hui.
Une mention spéciale vient une fois encore rendre témoignage à l'un de mes anciens amis, aujourd'hui disparu, Auguste Lemeur, dont les précieux renseignements m'ont permis de retracer la vie de la station à la fin du siècle dernier au début du XXe siècle.
Les personnes qui m'ont aidé durant ces années sont nombreuses, mes pensées et ma reconnaissance vont vers elles.

Côte d'Emeraude
114 - Saint-Enogat - La Plage et les Villas de la Mer